T0355977

Remedio a la aceleración
Ensayos sobre la resonancia

Hartmut Rosa

Traducciones del alemán, francés e inglés
de Júlia Ibarz

Hartmut Rosa

REMEDIO
A LA ACELERACIÓN

Ensayos sobre la resonancia

Título original en francés:
Remède à l'accélération

© Philosophie magazine Editeur, Paris, 2018

Título original en alemán del primer artículo:
«Zehn Thesen wider die Steigerungslogik der Moderne»
Título original en alemán del segundo artículo:
«Im Reich der Geschwindigkeit – Ein Meer aus Zeit und Raum»
Título original en inglés del tercer artículo: «The resonance»
Título original en alemán del cuarto artículo:
«Heimat im Zeitalter der Globalisierung»

© De la traducción del inglés, francés y alemán: Júlia Ibarz

Corrección: Marta Beltrán Bahón

Cubierta: Juan Pablo Venditti

© Ned ediciones, 2019

Preimpresión: Editor Service, S.L.
Diagonal, 299, entlo. 1ª – 08013 Barcelona

ISBN: 978-84-16737-70-3
Depósito Legal: B.18033-2019

Impreso en Service Point
Printed in Spain

Ned ediciones
www.nedediciones.com

ÍNDICE

Prefacio   9

Diez tesis para comprender la modernidad   25

Impresiones de un viaje a China   43

El nacimiento del concepto de resonancia   79

Hablo al mundo y me responde   87

La patria en la era de la globalización   113

PREFACIO

de Alexandre Lacroix

Hartmut Rosa es un pensador que ha logrado forjar algunas de las mejores herramientas para capturar el espíritu de nuestra época, a la que llama la «modernidad tardía». Mejor que eso, sus conceptos no se dirigen solamente a los investigadores o a los estudiantes, sino que tratan de provocar una toma de conciencia en todos sus lectores, así como abrir un debate de vasta amplitud. Al criticar sistemáticamente el ritmo frenético de nuestra existencia, ese sentimiento de falta de tiempo que desgraciadamente todos compartimos, de no ver nunca más allá de nuestras narices, de sentir que ni siquiera somos dueños de nosotros mismos, junto a la obligación extenuante de manejar a diario cientos de informaciones, de ser reactivos, Hartmut Rosa se dirige a los dirigentes políticos, a los empleados del sector de servicios, a aquellos que han rozado o han vivido en carne propia un *burnout,* tanto a los artífices de la comunicación como a los que mantienen una relación de dependencia con los *smartphones* y las redes sociales. ¡También a los disconformes, a

9

quienes la modernidad tardía saca de quicio o asusta, a los objetores del crecimiento, a los neorrurales y a los nostálgicos, que podrán sacar de él más fuerza para sus argumentos!

Este sociólogo alemán conoció el éxito de crítica y público con la publicación en 2005 de *Aceleración: una crítica social del tiempo*,[1] traducida rápidamente a quince lenguas extranjeras. Sin embargo, aunque este libro se ha convertido en una referencia imprescindible, en una especie de clásico contemporáneo de las ciencias sociales, Hartmut Rosa ha mantenido su discreción y no se ha prodigado en confesiones ante los medios de comunicación. A día de hoy, todavía no se encuentra gran cosa en internet para poder hacerse una idea de su trayectoria, formación e influencias.

Esta antología de textos perspicaces —en los cuales Hartmut Rosa nos ofrece hasta la narración de un viaje al país de la velocidad, China, así como algunas ráfagas de luz sobre sus dos principales conceptos teóricos, la «aceleración» y la «resonancia»— quiere ofrecer un

---

1. Título original: *Beschleunigung. Die Veränderung der Zeitstrukturen in der Moderne*, todavía sin traducción al español. Entre otras, existe traducción al inglés: *Social Acceleration. A New Theory of Modernity* (Columbia University Press, 2013), y al francés: *Accélération. Une critique sociale du temps* (La Découverte, 2013). [N. de la T.].

acceso fácil y agradable a su pensamiento. Con este mismo objetivo, este prefacio proporciona algunos elementos de su biografía intelectual, algunos puntos de referencia que quizás nos ayudarán a leer a Hartmut Rosa y a darnos cuenta de la importancia de su obra.

Hartmut Rosa nació el 15 de agosto de 1965 en Lörrach. Creció en la Selva Negra, en ese suroeste de Alemania con la doble reputación de ser católico y mucho más lento que el resto del país. Desde el punto de vista religioso, parece que el determinismo social no funcionó demasiado bien en su caso. Ciertamente, los progenitores de Hartmut Rosa fueron educados dentro del catolicismo, pero se desviaron de esa religión bien arraigada, se convirtieron al hinduismo y al budismo, y se unieron a diversas comunidades que vivían esta misma aventura espiritual en el Baden-Wurtemberg de los años 1970.

En 1986, Hartmut Rosa ingresó en la Universidad Albert Ludwig en Friburgo de Brisgovia para emprender estudios de filosofía, ciencias políticas y literatura germánica (en esta época, el sistema alemán ofrecía la posibilidad de estudiar más de una disciplina). Pero Friburgo no era un lugar cualquiera para estudiar filosofía: había sido el feudo de Martin Heidegger, que murió en esa misma ciudad en 1976, cuando Rosa tenía once años. Las enseñanzas del «maestro» todavía se sentían intensamente cuando empezó su aprendizaje y el plan de estudios de filosofía se concentraba en los grandes nombres de la metafísica, con Platón y Hegel a la cabeza. Muy pronto, Hartmut Rosa sintió la necesidad de expandir sus horizontes, y por esa razón se fue a estudiar a Inglaterra durante el curso 1988-1989, en la prestigiosa London School of Economics. Allí descubre la filosofía analítica angloamericana, un universo que se aparta completamente de la vieja metafísica continental. Es más, toma conciencia de que nuestra época permite experiencias de la temporalidad muy variadas, incluso incoherentes: todo lo que la Selva Negra tiene de provinciano y tranquilo, fiel a su reputación, lo tiene la capital inglesa de imperial, agresiva, con sus flujos humanos y financieros desproporcionados y su trepidación continua. Ese contraste entre Friburgo y Londres, ese descubrimiento de una fractura temporal que atraviesa las sociedades occidentales, ejerció un impacto decisivo en las reflexiones del estudiante Hartmut Rosa.

De regreso a Alemania, decide consagrar su tesis de doctorado al filósofo canadiense Charles Taylor, nacido en 1931, autor conocido sobre todo por su obra *Fuentes del yo: la construcción de la identidad moderna* (publicado por primera vez en 1989). El enfoque de Taylor era extraordinariamente original. Su gran idea, o como mínimo aquella que inspiró a Rosa, es que no existe ningún punto de vista neutro u objetivo sobre la experiencia humana, tanto en sus dimensiones individuales como colectivas. No hay ningún hecho social que podamos situar fuera de todo sistema de referencias cultural. Para comprender una vida humana, debemos reinscribirla, pues, dentro de una interpretación más amplia del contexto histórico, sociopolítico y cultural; filosofar sobre el sentido de la vida sería inútil sin las aportaciones de las ciencias sociales. De hecho, Taylor elimina las barreras que rodeaban a la filosofía y eso es lo que lo hace tan valioso. Con todo, a principios de los años 1990 era todavía el gran desconocido, o poco faltaba; el único que lo había leído de cerca en Alemania era Axel Honneth (1949-), quien impartía clases en la universidad de Berlín. Así que Rosa se trasladó a la capital alemana y emprendió su trabajo de tesis bajo la dirección de Honneth.

Llegados a este punto, es importante hacer dos precisiones para comprender acertadamente las implicaciones de una trayectoria como ésta. Para empezar, la sociología ocupa un lugar peculiar en Alemania. En Francia, los trabajos de alguien como un Émile Durkheim (1858-1917) o de un Pierre Bourdieu (1930-2002), tan ricos en datos estadísticos (a pesar de que a estos autores se les ha acusado alguna vez de «hacer hablar a los números»), aspiran a establecer las bases de una ciencia de lo social, a descubrir las leyes cuasi matemáticas que rigen los comportamientos de los actores sociales. Sin embargo, en la tradición alemana, representada particularmente por Georg Simmel (1858-1918) o por Max Weber (1864-1920), el análisis sociológico sigue estando mucho más atado a la filosofía, aun cuando hoy en día se hable en Alemania comúnmente de «filosofía social», como de una disciplina enteramente aparte. La hipótesis de partida es, una vez más, que no hay tal cosa como los hechos sociales objetivos y que lo social es indisociable de un cierto estado de las representaciones. Para describir correctamente la sociedad debemos producir una interpretación de la cultura. Por eso mismo el capitalismo alemán le parece a Weber profundamente relacionado con la ética protestante, estricta y ahorradora, o por lo que Simmel describe la gran ciudad como un medio donde nos volvemos indiferentes para protegernos de las excitaciones nerviosas demasiado numerosas.

No es que Rosa se situara solamente dentro de esta perspectiva, sino que este hecho tuvo consecuencias directas sobre sus métodos de trabajo. Aunque de vez en cuando dé una cifra, no encontramos en sus obras indicadores ni datos cuantitativos completos. Actúa, más bien, a través de las descripciones de lo cotidiano, recurriendo a menudo a sus propias experiencias. ¿Cómo puede ser —observa, por ejemplo— que hayamos dejado de leer las instrucciones de empleo de los aparatos que compramos, de los teléfonos o de los robots de cocina? ¿No es eso un indicio de que intentamos ganar tiempo? Cuando se encuentra en el trayecto que va desde Shanghái al aeropuerto de Pudong, Hartmut Rosa observa que los chinos tienen una manera bien curiosa de conducir. Nunca tocan el claxon, pero se aprovechan de una manera implacable del más mínimo resquicio para adelantar, colándose entre los coches. ¿Es eso la expresión de un rasgo cultural, de una capacidad de exhibir un oportunismo sin piedad pero sin agresividad?

Esta antología de textos, que incluye muchas observaciones tomadas del natural, nos permite descubrir a un sociólogo que no establece ninguna diferencia entre vivir e investigar. No sólo aprendemos a comprender a la sociedad dentro de las bibliotecas. Tanto si tomamos un desayuno en familia como si vamos al restaurante, si buscamos la salida en una estación o penetramos en el interior de un templo, lo social se encuentra siempre a nuestro alrededor, y sólo está a la espera de nuestros esfuerzos de reflexión para revelarnos sus significados ocultos.

En segundo lugar, Rosa no se sitúa en cualquier parte dentro de la tradición sociológica alemana. Puesto que ha sido formado por Axel Honneth y se ha ocupado principalmente de la cuestión de la modernidad y de la alienación, es hoy uno de los principales representantes de eso que llamamos la Escuela de Frankfurt. Y aquí todavía vale la pena mencionar algunos hechos para subrayar la originalidad de esa escuela, en la que la crítica social está fuertemente influenciada por el marxismo, pero tomado en un sentido poco ortodoxo. Si abren la «Advertencia a los lectores del Libro I del *Capital*», escrita por Louis Althusser (1918-1990) para la reedición de 1969 de la obra maestra de Karl Marx (1818-1883), se darán de bruces con una recomendación desconcertante: «Les doy el siguiente consejo: pongan provisionalmente entre paréntesis toda la sección 1 del libro y empiecen por la sección 2». Más adelante, Althusser remacha: «Este consejo es mucho más que un consejo: es una recomendación que me permito presentar, con todo el respeto que les debo a mis lectores, como una recomendación imperativa». ¡Lejos de quitarnos de encima la curiosidad, este tipo de afirmaciones son, quizás, la incitación más asombrosa a aventurarse dentro de la zona prohibida y a leer la sección 1 del *Capital*! Sea como sea, lo que motiva en este caso la imposición de Althusser es que, al principio de su obra magna, Marx se ocupa de muchas nociones *vagas*, demasiado filosóficas, como la «alienación» o, mejor, «el fetichismo de la mercancía». A ojos de alguien como Althusser, igual que a los de un marxista ortodoxo, encontramos allí los restos del idealismo del joven Marx, reflexiones caprichosas que hay que descartar. A partir de esa segunda sección del *Capital*, todo se transforma, en cambio, en «resplandeciente», sostiene Althusser, porque Marx produce una teoría científica de la explotación. La explotación es un fenómeno que se mide, que se objetiviza, que se deja meter en las ecuaciones: se corresponde a la extracción de una plusvalía, de acuerdo con un importe que el capitalismo retiene del valor producido por el trabajo del obrero. Pero ¿qué es la alienación? ¿Cómo demostrar que un trabajador siente que se convierte en extranjero de sí mismo, cómo evaluar un proceso así, si es que existe? ¿Las mercancías son de verdad fetiches para los consumidores...?, y, aun así, ¿es ése el problema? ¿No son este tipo de análisis demasiado psicológicos? ¿Arbitrarios? ¿Cómo podría sacar provecho el proletariado de parecidas divagaciones?

Pues bien, la peculiaridad de los pensadores de la Escuela de Frankfurt es que invierten el consejo de Louis

Althusser: simplificándolo un poco, casi diríamos que han tomado la decisión de leer exclusivamente la primera sección del *Capital*. Es decir, que se han concentrado en la crítica cultural del capitalismo. ¿Qué tipo de reflexiones, de representaciones del mundo, de creencias y deseos crea en los seres humanos el modelo de producción capitalista? ¿Cómo transforma la economía nuestra experiencia de estar en el mundo? He aquí la cuestión que apasiona a estos pensadores alemanes.

Los primeros representantes de la Escuela de Frankfurt fueron Theodor W. Adorno (1903-1969), quien hizo una crítica corrosiva de las costumbres americanas en sus *Minima Moralia: reflexiones desde la vida dañada* (1ª ed. de 1951), y también Walter Benjamin (1892-1940), que se interesó especialmente por los pasajes parisinos, puesto que fueron las primeras galerías comerciales, y además, Herbert Marcuse (1898-1979), cuya denuncia de la reducción del ser humano al papel de mero productor eficaz le valió a su *El hombre unidimensional* (1ª ed. de 1964) ser la biblia de los inconformistas de los años 1970, un verdadero libro de culto. La segunda generación de la escuela de Frankfurt la representa Jürgen Habermas (nacido en 1929) que, entre otros temas, se interesa por el funcionamiento del espacio público y por los procedimientos de deliberación en la democracia. El mascarón de proa de la tercera generación es Axel Honneth (nacido en 1929), quien regresa a G. W. F. Hegel (1770-1831) y al psiquiatra y psicoanalista Donald Winnicott (1896-1971) para demostrar que el elemento esencial, el que crea las patologías en nuestra sociedad, es la ausencia de reconocimiento que padecen demasiado a menudo las personas. Y, por último, Hartmut Rosa como el principal representante de la cuarta generación de la Escuela de Frankfurt, al lado de Rahel Jaeggi (1967-) y de Rainer Forst (1964-). ¡Atrevámonos a decir que es, sin duda, uno de los autores más apasionantes de todas las generaciones!

Cada uno de los pensadores de la Escuela de Frankfurt ha encontrado su propio ángulo de ataque, su hacha para golpear la cultura capitalista: la contribución de Rosa consiste en haber decidido hacerlo a través de la crítica del tiempo social. Según él, la alienación contemporánea está directamente relacionada con la presión temporal que padecemos. Esta intuición fundamental cabe en unas pocas líneas: «En mi opinión las sociedades modernas se regulan, se coordinan y se dominan gracias a un régimen temporal estricto y riguroso que no se articula en términos de ética. Los sujetos modernos pueden describirse, por lo tanto, como aquellos que sólo están constreñidos a las *minima* a través de reglas y sanciones éticas, y, en consecuencia, en su calidad de seres "libres", mientras que por el contrario están siendo controlados, dominados y reprimidos por una dictadura del tiempo en gran medida invisible, despolitizada, indiscutida, infrateorizada e inarticulada. Esta dictadura del tiempo puede analizarse, de hecho, gracias a un concepto unificador: la lógica de la aceleración social».

¿Por qué se ha convertido el tiempo en el artículo más raro, en el problema existencial número uno de los humanos del siglo XXI? Porque el capitalismo tiene por motor al crecimiento. Este concepto económico, el crecimiento, se define como el aumento de una suma de valores añadidos producidos en un país durante un año. En esta definición hay *tres* palabras en las que no nos detenemos a pensar inmediatamente: *durante un año*. Hay muchas maneras de producir crecimiento; una empresa capitalista puede, por ejemplo, registrar una patente, conquistar un mercado nuevo, lanzar un nuevo producto, absorber un competidor... pero tarde o temprano llega el momento en el que nos damos de bruces con aquello impensado de la definición: durante un año. ¿Eres un ejecutivo y se evalúa tu rendimiento? Es muy sencillo: tendrás que hacerlo mejor este año que el año pasado. Es como si nos hubieran ofrecido una bicicleta

que, al principio, se mantiene en equilibrio a 5 kilóme-
tros por hora, luego a 6, luego a 7, 8, 9, 10, etc. Al cabo
de cierto tiempo, estás agotado, ya no puedes continuar,
deberás pedalear al límite de tus fuerzas, simplemente
para no caer… La investigación sobre el crecimiento es
indisociable, por lo tanto, de una lógica de la aceleración
que somete a nuestros cuerpos y a nuestros mecanismos
psíquicos a una prueba difícil. Y de allí se desprenden los
riesgos de fatiga informativa, de agotamiento profesional o del *burnout*. Por eso, el golpe de genio de Rosa es
haber renovado profundamente la naturaleza de la crítica de la cultura capitalista, al ser el primero que pone en
evidencia, con absoluta claridad de exposición, la insostenible dictadura del tiempo que ésta nos impone.

Pero entonces, ¿cuál es la solución? Después de que
se publicara *Aceleración* surgió un malentendido. Muchos periodistas y lectores tomaron a Hartmut Rosa
por un partidario de la cultura *slow*, de moda en todas
partes. *Slow food, slow wine, slow fashion, slow life...* el
concepto de la lentitud se convirtió en los años 2010 en
una reacción al fenómeno de la aceleración, un fabulo-
so argumento del márquetin. ¡Pero Rosa no era de esa
tribu! Los retiros para meditar en los monasterios zen,
las excursiones por la montaña… nunca le han parecido que fueran alternativas sociopolíticas creíbles contra

la dictadura del tiempo capitalista. Si queréis, podéis, es cierto, pasar quince días en una isla griega para respirar un poco. El mar es bello, el cielo azul... Pero cuando regreséis, las organizaciones no habrán cambiado en nada. A Rosa el movimiento *slow* le parece un parche o una bocanada de oxígeno que evita la asfixia de los maltratados por la aceleración, a aquellos que se encuentran constantemente «con el agua al cuello».

Por eso mismo se ha dedicado durante dos lustros a dar forma a sus propias reflexiones sobre la vida digna de ser vivida, trabajando en un libro titulado *Resonancia, una sociología de las relaciones en el mundo*,[2] obra aparecida en 2016 en Alemania. *Aceleración* elaboraba un diagnóstico, *Resonancia* se presenta como un remedio. Dos de los textos reunidos en esta antología, «Diez tesis para comprender la modernidad» y «El nacimiento del concepto de resonancia» nos permiten asistir en directo, por decirlo así, a la génesis de este concepto. Los seres humanos, según Rosa, no sólo tienen necesidad de reconocimiento; en este sentido, su concepto de resonancia se propone como un intento de superar la teoría de Axel Honneth, el maestro de Rosa. Los humanos sienten

---

2. *Resonanz: Eine Soziologie der Weltbeziehung,* sin traducción al español. [N. de la T.].

también la necesidad de entrar en relación con el mundo, de encontrar una manera no alienada de obrar en el mundo. «Estamos no alienados ahí donde entramos en resonancia con el mundo y en el momento en que lo hacemos. Ahí donde las cosas, los lugares, las personas con quienes nos encontramos nos afectan, nos impactan, nos conmueven, ahí donde tenemos la capacidad de responderles con toda nuestra existencia». Y eso sólo puede producirse en esas experiencias que, como un concierto de *hard rock* o un combate de boxeo, están a miles de leguas del *slow*, y son incluso actos veloces y brutales. Lo que está en juego es no dejar que la aceleración nos transforme en autómatas que encadenan gestos y actos de pensamiento optimizados, sin relaciones auténticas los unos para con los otros, ni siquiera con el mundo. Y es aquí donde Rosa aporta un nuevo soplo de aire a la tradición de la que ha salido, la de la Escuela de Frankfurt. Mientras que estas grandes mentes del pasado no hicieron más que criticar el mundo moderno, ¡Rosa quiere proponer una concepción de la vida buena!

DIEZ TESIS PARA COMPRENDER LA MODERNIDAD

El texto que sigue tiene sus orígenes en una conferencia pronunciada por Hartmut Rosa en junio de 2012, en la Universidad Friedrich Schiller de Jena, en Alemania, de la que por lo demás es docente.

En estos fragmentos expone de manera muy concisa diez tesis que, según él, caracterizan la modernidad. Reencontramos, principalmente, su tesis sobre la aceleración vinculada a su tesis de la resonancia, todavía en proceso de gestación por esa época.

¿Qué es la vida buena? ¿Y qué es lo que nos impide alcanzarla? Ésa es la pregunta que me llevó a sumergirme en el análisis de los procesos modernos de aceleración. Si nos interesamos por el problema de la escasez de tiempo y de nuestro deseo de bienestar temporal estas preguntas aparecen de manera inevitable, puesto que preguntarse por *cómo queremos vivir* no es más que una manera de interrogarnos, al fin y al cabo, sobre *la manera en la que debemos pasar nuestro tiempo*. Mi libro sobre la aceleración tiene hoy ya quince años (y lleva once ediciones). Desde entonces, mis reflexiones siguen desarrollándose en dos direcciones distintas. En la primera, interpreto los procesos de aceleración representados como los síntomas y las consecuencias del hecho de que las sociedades modernas no pueden estabilizarse si no es de manera dinámica, y que están, por lo tanto, sistemática y estructuralmente concebidas con vistas al acrecentamiento y, en consecuencia, tienen la necesidad de crecer permanentemente, de transformarse y de volverse más rápidas para poder preservar su estructura y su estabilidad. En la segunda dirección, he expresado de

manera sistemática y completa el concepto de la resonancia —al que solamente se había hecho mención hasta ahora— como noción antinómica de la indiferencia,
y así he intentado proponer un nuevo criterio para una
vida bien lograda. Quisiera formularles a continuación
estas diez tesis que presentan el modo de estabilización
dinámica y las consecuencias que se derivan de él para
las personas, como características de la modernidad.

1. Tesis de la modernidad

La característica de las sociedades modernas es que sólo
son capaces de estabilizarse de manera dinámica; lo que
significa que necesitan crecer, acelerarse y condensar la
innovación incesantemente para mantener, según sea
el caso, su estructura o su *statu quo*. Esta imposición de
aumento tiene consecuencias sobre el modo de vida, la
orientación de la existencia y las experiencias vitales de
los sujetos.

2. Tesis del progreso

Estas consecuencias cambian en función de la progre-
sión de la modernidad y de su grado de dinamización.

Desde la Ilustración hasta mediados o quizás, en parte, también hasta finales del siglo XX, la experiencia de esa dinamización ha sido interpretada desde una perspectiva optimista respecto al progreso: incluso allí donde se presentaban de entrada como una obligación, se tendía a considerar el crecimiento económico, las innovaciones tecnológicas y la aceleración social como elementos, medios o condiciones para un incremento de las posibilidades de autonomía y autenticidad. Y precisamente esta expectativa es la que se derrumba hoy en día en los Estados occidentales desarrollados: por primera vez desde hace 250 años la generación de los padres ha perdido la esperanza —y esto de manera integral— de que la situación de sus hijos sea mejor que la suya: en adelante se contentan con esperar que no lo tengan mucho peor, que las crisis no sean tan gravemente devastadoras, que los estándares a lo que se ha conseguido llegar todavía se respeten hasta cierto punto. Pero está bien claro que eso no será posible sin pagar el precio de un esfuerzo mucho mayor para movilizar tanto individual como colectivamente todavía más energía, con el fin de continuar propulsando hacia adelante el crecimiento, la aceleración y la innovación. En resumen, nosotros, seres contemporáneos, no corremos ya en pos de un objetivo prometedor que se encuentra delante de nosotros: nosotros huimos de un abismo catastrófico que avanza a nuestras espaldas. Es una diferencia cultural radical.

3. Primera tesis de la autonomía

El deseo de llevar una vida que hayamos elegido nosotros mismos constituye desde el siglo XVIII la promesa fundamental de la modernidad. En calidad de proyecto político y normativo, la modernidad aspira a liberarse de preceptos autoritarios y tradicionales, de un lado, y de penurias y limitaciones naturales, por el otro, con el fin de llevar una vida donde poder determinarse a uno mismo: ya no son ni la Iglesia, ni el rey ni tampoco las instrucciones de la naturaleza quienes deben «prescribir» la manera en la que debemos vivir... somos nosotros, independientemente de la naturaleza, quienes decidimos si hace frío o calor, estamos a oscuras o encendemos la luz, cuándo comemos fresas o nos vamos a esquiar, y si queremos ser un hombre o una mujer. El crecimiento y el aumento de las distintas posibilidades estaban motivadas y legitimadas por ese objetivo. Y éste, a su vez, encuentra su correlación natural en la concepción moderna de autenticidad, según la cual queremos y deberíamos utilizar los espacios de autonomía que ya han sido conquistados, de manera que podamos ser lo que nos corresponde «realmente»:

para que nuestro ser y nuestra manera de ser se atenga a nuestras inclinaciones, nuestras capacidades, nuestras tendencias, para que no estemos obligados a «doblegarnos» sino, por el contrario, para que podamos «mantenernos fieles a nosotros mismos», etc. En una palabra: el proceso de acrecentamiento sirvió durante cierto tiempo (como mínimo visto en perspectiva) para que fuéramos ganando franjas de autonomía (y las garantizáramos mediante el Estado asistencial) para poder llevar a cabo un proyecto de vida personal. Hoy en día, en cambio, observamos el absoluto abandono y el vuelco espectacular de esta relación: el proyecto de vida sirve para sobrevivir dentro del juego del crecimiento, para seguir siendo competitivo o llegar a serlo. Tanto en el plano individual como en el colectivo, los fantasmas y las energías relacionadas con este moldeamiento de la existencia aspiran cada vez más a mantener esta capacidad de aumento: la promesa fundamental de la modernidad se ha roto, los campos de autonomía individual y política han sido desgarrados por las violencias vinculadas al acrecentamiento.

4. Segunda tesis de la autonomía

No obstante, la idea de la autonomía no sólo ha sido víctima del juego del crecimiento, sino que ella misma figura, sin ninguna duda, entre los «autores del crimen»: está asociada mediante una concepción específica de la libertad a la idea de que el crecimiento, el movimiento y, sobre todo, el incremento permanente de las opciones disponibles aumenta la calidad de vida. Es la razón por la cual la exigencia de autonomía moderna necesita urgentemente una rectificación o un complemento que pase por redescubrir la «exigencia de la resonancia»: si la vida vale la pena allí donde las personas tienen «experiencias de resonancia» (en el trabajo, en la comunidad política, en la familia, en la naturaleza, en el arte, etc.) la autonomía no carecerá de importancia, pero la multiplicación «ciega» de opciones vitales no es ni en sí misma, ni en todos los casos, una victoria en términos de calidad de vida como siguen pensando, por ejemplo, el indio Amartya Sen y la americana Martha Nussbaum.

5. Tesis de la competición

Si el crecimiento, la aceleración y la densificación de la innovación constituyen los «imperativos del dinamismo» estructurales de la sociedad moderna, también proporcionan —en la misma lógica de la acción y a través de una distribución que toma la forma de una competición— no sólo mercancías y recursos, sino también privilegios y posiciones, estatus y reconocimiento, amigos y amores, etc. La lógica de la competición desemboca en una dinamización sin límites de todas las esferas de la sociedad que están organizadas según los principios de la competencia. Se trata una y otra vez de obtener resultados ligeramente superiores a los del competidor y de invertir para este fin más energía que él, quien debe, a su vez, superar esta situación con más esfuerzo. Observamos este tipo de lógica por todas partes, particularmente en las prácticas educativas, pero también en nuestra relación con nuestro propio cuerpo, lo cual en el mundo del deporte significa el dopaje —al que recurren tarde o temprano todos los deportistas de alto nivel, hombres o mujeres, si quieren seguir siendo competitivos—, y que en otros dominios lleva el nombre de *human enhancement* (perfeccionamiento humano). La espiral de acrecentamiento inducida por la competición no tiene fin. Esto es una certeza absoluta: dentro de pocos años, «mejoraremos» a nuestros hijos equipándolos con dispositivos que emplearán tecnologías biológicas e informáticas, si fracasa el Proyecto de Jena.[1]

---

1. El Proyecto de Jena investiga las posibilidades de crear una sociedad y una economía poscrecimiento donde podamos funcionar sin la opresión del acrecentamiento. postwachstumsoekonomie.de y http://www.postwachstumsoekonomie.de/termine/jenaer-projekt/ [N. de la T.].

6. Tesis del *burnout*

La cara oculta del juego del crecimiento es el agotamiento psíquico y físico que observamos por el aumento de las tasas de *burnout*.[2] Independientemente de si es o no es un diagnóstico acertado, en la posmodernidad la lógica repetitiva de la rueda del hámster tiene a tantas personas absolutamente atrapadas que son incapaces de salir de ella, no se permiten detenerse ni aunque les falle el cuerpo. A pesar de la gripe, de una pierna escayolada o de una hernia discal, seguimos con lo que teníamos que hacer y lo programamos todo: un nacimiento por cesárea o la inhumación de una urna, de manera que los acontecimientos se adaptan a nuestra planificación del tiempo. Hasta que, viviendo la experiencia de la «suspensión del tiempo terca y sin esperanza», se hunden en el *burnout* depresivo. Desde mi punto de vista, que descansa sobre evidencias empíricas, el *burnout* no está provocado por una gran cantidad de trabajo y tampoco por la obligación de avanzar a toda máquina, sino por la ausencia de todo horizonte de objetivos (véase la tesis número 2 del progreso). «Tener que correr siempre más deprisa con

---

2. *Burnout*, anglicismo de uso muy extendido para referirse al «síndrome del desgaste profesional» o «síndrome del trabajador quemado». [N. de la T.].

el único fin de seguir en el mismo sitio», he aquí lo que deja muerta a la gente. Verse forzado a crecer, acelerar e innovar sin término ni finalidad alguna, con el único objetivo de seguir en su sitio y no abismarse en la crisis desemboca en una imposibilidad existencial. Hasta ahora, salíamos del paso gracias a la idea de que este pequeño frenesí sería pasajero y de que las cosas terminarían por ir mejor dentro de poco, pues estábamos intentando evitar el *burnout* colectivo. Pero hoy, en nuestra civilización, empezamos a darnos cuenta de que esto era una ilusión. Por lo que podemos entender el *burnout* como una forma extrema de alienación.

7. Tesis de la alienación

No es la gran cantidad de trabajo, sino que son más bien de las condiciones de ese trabajo las que tienden a provocar enfermedades relacionadas con el *burnout*. Los indicios que demuestran que esta alienación sólo empieza cuando «ya no se nos devuelve nada» en el trabajo, cuando ya no hay más «resonancias», son particularmente impresionantes: el *burnout* se produce cuando dejamos de percibir y de celebrar los logros, que parecen solamente como «etapas de una cadena sin fin», cuando se nos priva del reconocimiento (crisis de gratificación), cuando las relaciones y las interacciones personales entre los individuos se ignoran o se instrumentalizan, cuando las etapas de nuestro trabajo ya no están motivadas de manera intrínseca, cuando desaparece el placer de trabajar aun siendo una actividad colmada de sentido. En definitiva, el *burnout* es la consecuencia del silencio repentino del «eje de resonancia» en el lugar de trabajo —de la misma manera que la pérdida de empleo no provoca solamente pérdidas materiales, sino también, y con muy graves consecuencias, la pérdida de espacios de resonancia—. A este propósito, los psicólogos observan que los pacientes aquejados de *burnout* suelen presentar dos características: 1) la pérdida de relaciones sociales intensas y cargadas de significación, que han sacrificado con frecuencia por su carrera; y 2) un cinismo creciente hacia sí mismos y hacia el mundo. Ya no disponen de espacios de resonancia ni en el arte, ni en la naturaleza, ni en el trabajo, ni en el seno de su familia, (ni siquiera en su religión). El mundo se les ha vuelto extraño, es superficialmente mudo. Esta indiferencia con respecto al trabajo y a la familia, a los espacios y a las cosas, a su propio cuerpo y de su propio yo es, sin embargo, consecuencia de las imposiciones ligadas al acrecentamiento, porque las relaciones de resonancia precisan de estabilidad y de un consumo intensivo del tiempo.

8. Tesis de los surfistas, los náufragos y los terroristas

Por supuesto, incluso en la época moderna tardía, no todos los individuos se sienten aquejados de *burnout*. Constatamos tres modelos de vida «alternativos» —y problemáticos— posmodernos: 1) a modo de sucedáneo del ideal de autonomía moderno se forma un ideal de surfista típico de la modernidad tardía: ya no se trata aquí de definir en el océano de la vida un punto o una isla hacia la que pilotar nuestro pequeño navío existencial, al contrario, estamos de pie encima de una tabla de surf, intentamos adivinar y dominar los vientos y el oleaje saltando de una cresta a otra y «quedarnos en lo alto». A menudo, se considera a los surfistas como «vencedores y ganadores» del sistema. Yo creo que están amenazados por el *burnout*, porque son asociales y desgraciados, porque no son autónomos en el sentido clásico del término, y no son resonantes en el sentido nuevo. Quizás son, más bien, como jugadores de *pinball* y no surfistas: no hacen más que mantener la pelotita dentro del juego y esperar a los contactos favorables. 2) Cuando no conseguimos «quedarnos en lo alto» corremos el riesgo de que ser zarandeados por todas partes y sin ningún control, y entonces nos convertimos en «náufragos» incapaces de canalizar, de planificar y dirigir nuestro destino y nuestra vida, es decir, de aprovechar los espacios de resonancia. 3) Quienes no pueden ser surfistas ni quieren convertirse en náufragos puede intentar ganar en estabilidad gracias a un anclaje trascendente, es decir, adoptando una identidad religiosa o política más o menos fundamentalista: de golpe, la palabra de Jehová o la lucha de clases obrera adquiere una validez eterna. Es con el dibujo de un «contrahorizonte» de este tipo, que se opone a la lógica de la dinamización y de la flexibilización, donde reside, a mi modo de ver, el atractivo secreto de los grupos terroristas —desde el Nationalsozialistischer Untergrund (Clandestinidad Nacionalsocialista, grupo terrorista neonazi) hasta Al Qaeda—. Lo decisivo es, por lo tanto, saber si existen otros proyectos de vida positivos en la modernidad tardía que sean, como mínimo, observables *in statu nascendi*. Deberían, en mi opinión, tener como objetivo la creación y la protección de espacios de resonancia que no respetaran la lógica del crecimiento, por un lado, y que pudieran ofrecer resistencia a los imperativos de la dinamización, por otro. Hay muchas comunidades y proyectos alternativos que no son precisamente capaces de ello. Pero si la observación es certera (como dicen algunos periódicos) y es verdad que hay jóvenes admirablemente calificados y muy dotados (y, precisamente, estos son los que lo hacen en mayor medida) que se niegan a ocupar puestos de dirección dentro de la economía, la política y la ciencia porque no quieren lanzarse a correr frenéticamente y perderse para siempre en esa rueda de hámster, es que existen, aun así, manifiestos medios de resistencia en nuestras sociedades y culturas.

9. Tesis del consumo

Para los sujetos de la modernidad y de la modernidad tardía el consumo de productos y de las prestaciones de servicios bajo la forma de mercancías está, sin duda alguna, cargado de una inmensa promesa de resonancia: la publicidad no tiene otro fin que hacer que el producto cuyas virtudes nos canta (desde el desodorante hasta el viaje a África, pasando por el nuevo videojuego y el último coche) pueda meter nuestro yo y el mundo en una relación de resonancia. Pero esto presenta un problema: las resonancias ya no se ponen ni en marcha, porque el consumo que produce resonancias es en sí mismo consumista de tiempo. Observemos que el consumo real de los productos no llega a tener lugar y que se ve compensado por un aumento de las compras que provocan que el consumidor se encuentre de nuevo inserto en una rueda de acrecentamiento adictivo y maníaco al final del cual se encontrará necesariamente con la alienación respecto a las ofertas de consumo.

10. Tesis de la resonancia

Las tesis desarrolladas aquí aspiran a permitir y a garantizar las experiencias de resonancia, así como a evitar y a reducir las experiencias de alienación en lo tocante a las normas de una vida bien lograda y del incremento de la calidad de vida. Queremos reemplazar, de esta manera, las normas —implícitas y por lo general no formuladas— que construyen una orientación exclusiva hacia criterios normativos de horizontes de acrecentamiento (la multiplicación de las opciones). El problema central consiste en dar una definición esencial de «resonancia». Todavía no dispongo de esta definición, pero podemos avanzar algunos de sus elementos:

- Por norma general, las experiencias de reconocimiento son experiencias de resonancia; las experiencias de menosprecio se pueden interpretar como experiencias de alienación.
- Sin embargo, existen experiencias de resonancia que van más allá de las relaciones intersubjetivas: indivi-

duos modernos que buscan y se encuentran «en resonancia» en el trabajo, en la naturaleza, en el arte, en la religión. El 95% de los jóvenes tienen a su familia como un «puerto de resonancia seguro» (pero incluso ésta se ve amenazada por los imperativos de la dinamización).

- La democracia es el instrumento del que dispone la modernidad para «apropiarse» de las estructuras del mundo social compartido o para «hacerlas resonantes». La política «responde» a los sujetos... en teoría. La aversión a la política puede reinterpretarse como la expresión de un «mutismo» de la política: los puentes de mando de la autoridad ya no responden.

- Las experiencias de resonancia son experiencias constitutivas de identidad, porque permiten que uno se emocione o sobrecoja. Como tales, tienen una cualidad emocional. Pero no son simplemente emociones: las personas se sienten a menudo «golpeadas» con mayor profundidad por las películas tristes que por las demás, dicen que éstas les «han dado mucho», que les han gustado, y a pesar de sus lágrimas, lo interpretan como una experiencia positiva. La diferencia entre sentimiento y resonancia puede incluso reformularse físicamente como la diferencia entre la transformación de la resistencia de la piel (resonancia) y la frecuencia cardíaca y respiratoria (sentimiento). Es posible que las neuronas espejo sirvan de base física a las experiencias de resonancia.

• El hecho antropológico que explica la necesidad de experiencias de resonancia aparece, entre otros, en la institución de la «muerte social» de las pretendidas «culturas arcaicas» que matan a sus miembros denegándoles la resonancia. Quizás también sea eso lo que hace la cultura de la modernidad tardía...

IMPRESIONES
DE UN VIAJE A CHINA

En octubre de 2017, Hartmut Rosa viajó durante dos semanas por el centro y el este de China. Dio comienzo a su periplo con algunas conferencias y seminarios en las escuelas superiores y universidades de Shangái, a los que siguió un viaje en tren hasta Wuhan y hacia el centro de China. Culminó con una excursión de varios días por los pueblos y las pequeñas ciudades de Huang Pi, el país amarillo, una región rural situada en el corazón del país. Lo acompañaba el traductor chino de su libro *Alienación y aceleración*, el profesor Tsuo-Yu Cheng, y —para el recorrido en Huang Pi— también el vicedecano de la facultad de ciencias sociales de la universidad Huazhong, en Wuhan. Gracias al profesor, se pudo formar una impresión en profundidad de la vida rural dado que éste, que regresaba por primera vez a los pueblos de su región natal, lo llevó consigo a visitar las casas de los miembros de su familia y también a su madre, de 90 años.

Llueve. Cuerdas de agua. Llueve a mares como en Europa cuando caen trombas de agua en violentos chaparrones, sólo que este aguacero aquí se sostiene durante varios días. No es algo que ocurra a menudo en Shanghái, pero ocurre. A los chinos no les gusta nada estar calados hasta los huesos. Ni cuando el agua se les cuela en canal desde la capucha a la cara. Ni cuando los cartones que construyen el portaequipajes de las motocicletas están tan empapados que ya no soportan la carga y los conductores deben intentar echar mano a cualquier lona de plástico para cubrirlos. Nada en su comportamiento ni en su expresión nos haría sospechar que están irritados. Impasibilidad estoica. Es un cliché, claro está, pero ¿quizás es un cliché acertado? Los gigantes paraguas montados simplemente sobre las motocicletas y que, fuera de las ciudades, se pueden ver por todas partes en China, aquí parecen estar prohibidos. Demasiado peligroso. Shanghái. La ciudad es rápida. El tráfico, la maquinaria de construcción, el cambio frenético de barrios enteros. Sin embargo, las personas parecen ir lentas. Esto no es como Nueva

York, donde reina el comportamiento agresivo incluso entre la circulación de los peatones. Movimientos suaves, sonrisas discretas. Así muchas cosas se hacen soportables. No se oyen casi las sirenas de la policía, ni de las ambulancias, apenas bocinas, nada de gritos e insultos: parecido a Japón y muy al contrario que en Occidente. ¿Puede ser que la gente disponga de tiempo en este lugar? ¿Que se deje tiempo, aunque el país entero, y en especial esta región, se encuentre en un proceso de modernización que bate todos los récords, sumido en una estrategia de competición que obliga a los más pequeños a apartarse del carril de adelantamiento? ¿Es una impresión engañosa?

Cuando los shanghaianos hablan del «viejo Shanghái», se refieren a los edificios construidos alrededor de 1990. La mayoría ya ha desaparecido. Los que todavía permanecen en pie parecen, es cierto, muy viejos, casi antiguos. A primera vista uno podría creer que llevan sobreviviendo siglos. Envejecer siglos en tan sólo 25 años: eso sólo puede pasar en Shanghái, eso describe el estado de ánimo de Shanghái. En 25 años aquí desaparecen manzanas enteras de edificios, cuando no se esfuman las mismas calles donde éstos se asentaban.

La duración de la supervivencia media de una hilera de edificios es sólo de unos cuantos años, la de una tienda o la de un restaurante se limita a menudo a unos pocos meses, a veces, apenas a algunas semanas. Es un ejemplo espectacular de lo que he identificado como la aceleración de la mutación social en mi libro *Aceleración: una crítica social del tiempo;*[1] el mundo cambia de aspecto a intervalos cada vez más reducidos. Por esa razón, cada generación se encuentra un mundo nuevo, porque la generación precedente *recrea,* en cierto modo, el mundo entero: es —con la aceleración técnica del transporte, la comunicación y la producción— un marcador característico de la modernidad clásica. Cada generación se integra a la vida con una nueva misión innovadora: *créate tu propia patria, no te contentes con retomar la que te han dado tus padres y tus madres cuando llegas a este mundo. Encuentra tu profesión, funda tu propia familia, construye tu propia casa.* Y, sin embargo, la velocidad de transformación de Shanghái no se corresponde a este modelo del cambio generacional, hace mucho tiempo que ha alcanzado un ritmo intergeneracional: ningún empleo, ningún edificio, ni prácticamente ninguna disposición familiar dura toda una vida. *Acostúmbrate a que mañana todo sea nuevo y diferente:*

---

1. Título original: *Beschleunigung. Die Veränderung der Zeitstrukturen in der Moderne,* todavía sin traducción al español. [N. de la T.].

ésta es la rúbrica de la modernidad tardía. Para los habitantes de Shanghái esto no es más que una realidad existencial irrefutable.

Ciudad de rápido crecimiento

Por todas partes, la imagen característica de espectaculares rascacielos y grandes edificios con iluminaciones de todos los colores. Los atascos también son monumentales en esta ciudad, pero los combaten con considerable eficacia a través de un sistema de autopistas elegantemente sinuosas que se entrecruzan por encima y por debajo las unas a las otras; su estética arquitectónica de puentes se asemeja de manera desconcertante a las serpentinas construcciones de escaleras mecánicas de los palacios de cristal que son los centros comerciales. La lucha contra el atasco se libra, sobre todo, con una red de metros que crece a toda velocidad: Shanghái moderniza su sistema de comunicaciones a un ritmo vertiginoso, se lee en la guía de viajes de 2007: entonces ya existían dos potentes líneas de metro de alto rendimiento. Diez años después hay un sistema ultramoderno y ampliamente ramificado de 14 líneas; se trabaja ahora en las líneas 15 y 16. En las entradas del metro hay controles de seguridad y escáneres para los equipajes, como en los aeropuertos. Si pensamos en los tiempos y en las dimensiones de los proyectos de obras alemanes como la estación de Stuttgart 21 o el del Aeropuerto Schönefeld berlinés, el contraste no podría ser mayor. Shanghái no se deja capturar en una sola imagen porque nunca se deja congelar ni inmovilizar, en el mejor de los casos, podemos representar a la ciudad como una pantalla centelleante.

Sólo por las noches, de vez en cuando, cambia el escenario. Aparecen de repente los colchones sobre los puentes y en las oscuras callejuelas laterales sobre los que pernoctan los trabajadores migrantes, nuevos en la ciudad. Suelen ser hombres jóvenes, en absoluto, o no siempre, harapientos; muchos de ellos provistos de *smartphones*. No parecen estar tan deprimidos como llenos de esperanza, pero quizás las apariencias engañan, especialmente cuando llueve y todo está mojado. Las motocicletas eléctricas que ruedan arriba y abajo sin hacer ruido alguno son siniestras, abarrotan todos los barrios de la ciudad en grandes números, pues desde hace poco están prohibidas las motos con motores de combustión. Conducen de noche, sin luces, para ahorrar batería. *Silent death,* muerte silenciosa, se las llama en la jerga de Shanghái. La cara oscura de la vida diaria.

La yuxtaposición entre lo antiguo y lo moderno

Tanto en la ciudad como fuera, en el campo, lo que asombra una y otra vez a un observador europeo es la soledad de muchos trabajadores chinos, inmersos en un océano de tiempo y espacio. Solos e impasibles, vigilan parques o calles o negocios o casas; estoicos, incluso bajo las lluvias torrenciales a medianoche. Más solos todavía, limpian con una pequeña escoba de ramas aparcamientos que parecen no tener fin, deshierban la maleza de vallas que parecen no querer terminar nunca o, en un lugar más lejano, un campesino de pie, perdido en medio de un vastísimo campo con las manos desnudas y un sombrero amarillo. Este estar *existencialmente abandonado e integrado al mismo tiempo* parece dotar de una forma de continuidad a la vida campestre, más lenta, con la de la veloz ciudad.

En Shanghái, como en otras grandes ciudades del país, e incluso en las pequeñas ciudades y todavía en los más profundo de las provincias, se manifiesta el esfuerzo del Estado para impulsar la modernización a todos los niveles. De manera que, de repente, también allí donde se detiene el tiempo durante un largo rato, ocurre a menudo que hace aparición lo más moderno. Por ejemplo, cuando en una población con la apariencia de ser antiquísima, medio desmoronada y abandonada en parte, aparece de repente entre putrefactas pocilgas de cerdos y letrinas exteriores —todavía son increíblemente frecuentes— la más moderna de las farolas o una instalación de placas solares. La desincronización, la asincronicidad de lo simultáneo, se hace así palpable. La podemos tocar y oír, especialmente, cuando en las estrechas calles de los pueblos las carretillas y los *scooters* de tres ruedas, las motocicletas destartaladas en las que a menudo van montadas pequeñas familias al completo —¡siempre sin casco!— o los carros tirados por burros, se cruzan y se encuentran con el último modelo de Audi A8, BMW o Mercedes, o con los atronadores autobuses públicos o los enormes tráileres de mercancías. En esas ocasiones suele prevalecer la ley del más fuerte, y aquí lo tradicional no es precisamente lo más fuerte.

Lo mismo ocurre con los edificios: mientras que la mitad de las casas del país no sólo parecen antiquísimas sino también de una sobriedad arcaica... un pequeño hogar de leña, un pozo afuera, suelos desnudos de cemento, la dura cama de madera, un gato... en la otra mitad encontramos el mobiliario más moderno, un enorme congelador y una televisión de pantalla plana descomunal, el último grito en Shanghái. Así se muestra que los hijos varones se han mudado a Shanghái y han hecho dinero y lo han mandado a casa. Ahora como antes, estos trabajadores migrantes tienen en ese hogar su *hukou*, es decir, su lugar oficial de residencia: no pueden vivir oficialmente ni en Shanghái, ni en Wuhan, ni en Nanjing, donde trabajan, y, por lo tanto, tampoco pueden recibir prestaciones de la seguridad social, lo que no significa que se ganen mal la vida.

Peregrinación hacia el oeste

Atrás queda Shanghái, partimos en el tren de alta velocidad que nos lleva hacia el oeste, al interior del país, hacia Wuhan. Es una gran metrópolis industrial, un conglomerado de tres ciudades antaño independientes donde ahora mismo viven unos diez millones de habitantes, a unas cinco horas y media en el tren de alta velocidad hacia el oeste de Shanghái, a los pies del río Yangtsé. El tren sale de la colosal estación de Hongqiao, que está justo al lado del aeropuerto. Es sólo una de las cuatro estaciones gigantes de las que parte, entre otros, el tren bala hacia Pequín. Es tan veloz como el tren de alta velocidad alemán, tan elegante como el tgv francés, tan puntual como los trenes suizos: en cada estación donde se detiene cumple al segundo con los horarios de llegada y de salida.

El trayecto recorre poblaciones que parecen no tener límites, llenas de nuevos rascacielos, uno tras otro: aglomeraciones de edificios exactamente idénticos construidos y pintados por grupos y, de por medio, obras descomunales, una inconcebible confusión de excavadoras y grúas, y luego, a cada rato, las chabolas de techos azules de los trabajadores migrantes que construyen estos mastodontes, a menudo al lado de estanques de agua turbia con las cunetas pegadas a él, junto a vastísimas parcelas baldías sin una sola nota de verde también peculiares. Casi nunca se ven casas o edificios viejos. Sólo un poco antes de llegar a Wuhan el paisaje se vuelve más solitario, más ondulado, más idílico, y aparecen ante nuestros ojos las imágenes que uno reconoce de los viejos libros sobre China: quizás la figura de un campesino con uno de esos gastados gorros amarillos o con un hatillo sobre el hombro y caminos entre campos solitarios. Sin embargo, por todas partes y sin aviso, aparece el corte agudo que contrasta la nueva y la vieja China: en medio de ese paisaje de colinas atemporales y suaves ondulaciones se levantan, de repente, extensísimas, violentas instalaciones solares: panel tras panel, montados simplemente en el paisaje, uno tras otro. En China, esta simultaneidad de lo asincrónico parece ser un principio estructural fundamental, pero donde *lo nuevo* —por lo menos en las provincias— se presenta como un requisito del Estado central o como una intervención pública en toda regla. Por eso se encuentran las lecciones de Confucio entreveradas en las *School of Marxism* de las universidades del país, las cuales no parece tener ningún tipo de problema en enseñar las ciencias empresariales occidentales más novedosas bajo un busto gigante de Mao.

Un paraíso desgajado del mundo

Más de cinco horas y media después, llegamos a Wuhan, la siguiente estación monumental. Aquí prácticamente no hay europeos ni americanos a la vista. La gente pregunta con timidez si puede sacarse una foto con el extranjero. Un conductor nos lleva hasta el gran campus de la Universidad Técnica de Huazhong que acoge a 60.000 estudiantes. Éstos se mueven arriba y abajo por la inmensa superficie del campus universitario, con prisas y gran empeño sobre sus bicicletas compartidas. La imagen resultante es de lo más pacífico: un verde frondoso atravesado por pequeñas corrientes de agua, peculiares cantos de pájaros, una vasta extensión donde reina la calma gracias a la ausencia de tráfico rodado. Provoca la impresión de un aislamiento paradisíaco, como el que quizás podamos sentir en los campus de las ciudades americanas. El sistema que permite desbloquear a través de una *app* las bicicletas compartidas amarillas parece que tiene éxito en toda China y triunfa especialmente entre los estudiantes. La bicicleta también es una invención de la modernidad acelerada.

Por la tarde, un debate sobre la aceleración social en la *School of Sociology* de esta misma universidad: comparecen doscientos estudiantes, voluntariamente. Como por aquí se extravían muy pocos profesores europeos o americanos, no quieren desaprovechar la ocasión. Delante de ellos, desarrollo mi teoría según la cual una sociedad moderna se caracteriza por no conseguir estabilizarse si no es de manera dinámica. Ello significa que, obligatoriamente, debe crecer, acelerar y producir innovaciones de manera permanente si quiere mantener su estructura constitucional y su *statu quo* social. Sin crecimiento y sin innovación constantes se pierde empleo, cierran las empresas y las sociedades, los ingresos del Estado disminuyen y, por lo tanto, ya no se puede financiar el Estado social, los sistemas sanitarios ni la educación y, en definitiva, estamos abocados —tanto en China como en Europa— a la pérdida de legitimidad del sistema político. La consecuencia de todo este proceso es que cada año, y no importa que vivamos en Europa, en China o en Estados Unidos, tenemos que correr un poco más deprisa con la única finalidad de defender nuestro lugar, con el único objetivo de que todo se quede como estaba. La modernidad tardía desemboca, por lo tanto, en una inmovilidad fulminante que nos aleja sistemáticamente del mundo y de la vida y provoca el deseo creciente de una forma de vida distinta, de una manera más reactiva o más resonante de *estar en el mundo*.

Aprueba tu *gaokao*, primero

«Quizás eso sea cierto para Europa, pero China debe crecer y desarrollarse», opina el respetable profesor de canosa cabellera que ha viajado desde Pekín expresamente para la ocasión y a quien los organizadores rogaron su presencia como segundo ponente. La aceleración es necesaria, la velocidad es buena. La desaceleración es una idea para Europa. En cambio, los estudiantes, comprensivos, asienten con la cabeza cuando tratamos el tema de la presión incesante del tiempo y de la transformación constante, y al agobio de las crueles fechas de entrega. Que la lista cotidiana de cosas por hacer se dispare es algo que conocen tanto los jóvenes como los viejos en este país. Todos tienen claro la importancia del *gaokao*, la prueba de selectividad de dos días de la que deben examinarse todos los jóvenes chinos al cumplir, aproximadamente, dieciséis años y que decide sobre el futuro de su vida entera. Se la considera el examen final más duro del planeta. Todos los estudiantes presentes han tenido que sufrirla en carne propia. Por su causa hay niños que se suicidan, antes de ella, por miedo de la prueba, por haber fracasado, después. No son pocos los que sufren un *burnout* o una crisis nerviosa antes de examinarse. El año entero anterior al *gaokao* de sus hijos, las madres chinas abandonan sus puestos de trabajo para dedicarse exclusivamente a asegurar el éxito de la preparación de sus retoños, ya que el resultado determina en qué universidad o en qué centro de enseñanza podrá ir a estudiar su descendencia y de ello depende la prosperidad futura de toda su familia. Los desesperados padres intentan conseguir un *hukou* mejor en una de las grandes ciudades, ya que junto al resultado del *gaokao*, sólo eso puede aumentar las posibilidades de estudiar en una universidad de prestigio.

Resonancia y alienación

Los estudiantes chinos, además, no eligen ninguna materia de estudio, no sueñan con ninguna disciplina, ninguna ocupación, ninguna profesión; sólo aspiran a una universidad. Dentro de este sistema despiadadamente jerarquizado, intentan entrar en una universidad lo más prestigiosa posible, y será esa universidad quien les dirá luego qué materia deben o pueden estudiar. Éste es un procedimiento enemigo de la resonancia de principio a fin, va radicalmente en contra de la idea de la educación y de la vocación. Aquí no hay posibilidad alguna de que el joven o la joven dé con la especialidad más adecuada, sólo se sigue una clasificación según parámetros de rendimiento abstracto. Un modelo que, entretanto, también colma las fantasías de excelencia de los mafiosos planificadores de los proyectos educativos europeos. No es extraño, por lo tanto, que los angustiados estudiantes se pregunten después durante cuánto tiempo más deberán seguir soportando tanta incertidumbre. Y qué se puede hacer para desacelerar la vida de uno. La sala entera ríe ante la observación de que todo el mundo en China parece haber contraído la fiebre de la prisa, todos quieren tener terminada su lista de tareas antes de que empiece la «semana dorada», la semana de vacaciones nacional, dentro de dos días.

La mayoría de las preguntas posteriores al debate, sin embargo, versan sobre el concepto de resonancia, que apareció al final de la conferencia y es evidente que ha electrizado a los estudiantes. Inquieren sobre numerosas precisiones para poder captar exactamente de qué se trata. El problema de la aceleración, como les repito a los jóvenes de Wuhan, radica en el hecho de que nos incita o, mejor, nos obliga a contentarnos con la apropiación del mundo, pero ya no nos apremia a que lo transformemos para adaptarlo a nosotros. Intentamos ensanchar nuestro alcance en el mundo sin cesar: con más dinero en la cuenta bancaria, más amigos en Facebook, tecnologías que hagan más rápidos al coche y al *smartphone*; ponemos a nuestro alcance cada vez más nimiedades del mundo. Todo lo que el mundo puede ofrecernos —en cuanto a lugares, personas, cosas y posibilidades, bienes culturales y tesoros del conocimiento— se transforma en algo susceptible de ser adquirido, conocido, al alcance de la mano, accesible. Sin embargo, la cara oculta de este asunto es la alienación: este mundo que se ha convertido en algo disponible parece volverse mudo, gris y vacío delante nuestro, nos deja fríos. Los lugares a los que viajamos no nos emocionan, las personas con las que nos encontramos nos dejan indiferentes, lo que leemos o escuchamos no nos cuenta nada. Y entonces nosotros también nos volvemos grises, viejos y vacíos en nuestro interior. Marx llamó alienación a este fenómeno; Weber, desencantamiento; Lukács, reificación; y Camus vio en él el nacimiento de lo absurdo. Esta caída en picado del mundo en el mutismo es la angustia fundamental de la modernidad; el reverso del aumento de las distancias de lo que está a nuestro alcance lo encontramos bajo la forma de miedo al *burnout*.

Pero ¿qué es lo contrario a una alienación de este tipo? ¿Cómo sería una relación no-alienada con el mundo? Lo que propongo es lo siguiente: estamos no-alienados cuando entramos en resonancia con el mundo. Cuando las cosas, los lugares, las personas que encontramos nos impresionan, nos emocionan, nos conmueven; cuando nos sentimos capacitados para responderles con toda nuestra existencia. Estos son los cuatro elementos de una relación de resonancia: en primer lugar, algo nos conmueve o nos «afecta», nos interpela de alguna forma. En segundo lugar, respondemos a ese contacto de tal manera que nos demostramos a nosotros mismos que estamos vinculados al mundo de una manera eficiente y autónoma. En tercer lugar, nosotros mismos nos sentimos transformados: no seguimos siendo los mismos después de entrar en resonancia con otro ser humano, con una idea, una melodía o un país. Sin embargo, en cuarto y último lugar, nos vemos obligados a reconocer que este tipo de relaciones de resonancia están cargadas de un elemento ineludible de indisponibilidad: no podremos obtener resonancia alguna por la fuerza, así como tampoco podemos predecir cuál será el resultado de esa transformación.

Esta idea parece encontrar suelo fértil entre los estudiantes de Wuhan: se les ilumina la mirada, empiezan a discutirla de inmediato, a buscar sus propios ejemplos; pero también se hacen preguntas con espíritu crítico, al día siguiente e incluso semanas después, por WhatsApp y por *e-mail*.

El concepto de resonancia parece capaz de comunicarse con la tradición china de las relaciones con el mundo de manera inmediata, en especial con la idea confuciana del contacto entre el cielo y la tierra y las consideraciones taoístas del anclaje emocional y contextual del fundamento de las decisiones, en lugar de la orientación a través de principios abstractos.

Al día siguiente vamos a visitar la Torre de la Grulla Amarilla, famosa en toda China. Una torre de defensa que tiene un gran significado para la historia del arte, que se remonta al siglo III y ha sido motivo de inspiración para innumerables obras poéticas y artísticas. Su silueta impresionante se recorta sobre el río perezoso que pasa a su lado. Agua, cielo, torre, grulla: de esto parecen sacar aquí las personas el contraproyecto imaginario a la modernidad acelerada.

El número uno, pero ¿a qué precio?

El resto de la ciudad de Wuhan es, no obstante, muy poco idílico. Esta metrópolis también es un Moloch, también aquí se construye como a golpe de fiebre: nuevas edificaciones por todas partes, rascacielos por todas partes, por todas partes centros comerciales. «Cada día un nuevo Wuhan», reza el eslogan del partido que cubre todas las superficies donde se puedan fijar carteles. La aceleración del cambio social también es parte del programa político, la modernización es el objetivo. China debe por fin convertirse en el número uno y quitarse de encima de una vez por todas a Japón y a Occidente. Lo conseguirán, sin duda, pero ¿a qué precio? El nuevo orden cultural de China parece fundamentarse en dos pilares poderosos que al observador occidental no le parecen especialmente originales ni mucho menos atractivos, pero que aquí se pueden advertir en un estado notablemente puro: una competición despiadada a todos los niveles de la existencia social, por un lado, y, por el otro lado, la promesa de un consumismo radical como compensación por todas las privaciones y dificultades que se originan de ello, como aliciente para la movilización absoluta de las energías individuales y colectivas. La riqueza de la sociedad capitalista, escribe Marx al principio de *El capital*, «se manifiesta como una monstruosa acumulación de mercancías». En efecto. Se manifiesta en miles y miles de centros comerciales en los que la culminación absoluta del deseo sigue siendo las marcas de lujo de Occidente.

En el corazón del país amarillo

Viaje hacia el oeste. Nos adentramos en el país, en lo más profundo de la China central, hacia Huang Pi, el *país amarillo*. Al principio, a ambos lados de la autopista, la misma imagen ya familiar: hacinamiento de edificios altos, puentes, calles. Luego, el característico paisaje altamente industrializado: torres de refrigeración y chimeneas de fábricas hasta el horizonte, de las que a veces se levanta un humo más blanquecino, otras veces más oscuro. Carbón y acero. Uno se puede imaginar muy bien de dónde salen la contaminación medioambiental y la polución del aire en China. Poco a poco van disminuyendo las insignias de la modernidad industrial. Ceden su espacio a los campos de barbecho. Humedales pantanosos. Campos de arroz abandonados. Flores de loto. Salimos de la autopista y la carretera empeora, se vuelve pésima. El trayecto se asemeja ahora a un viaje hacia el pasado a través del tiempo: de la modernidad digital de Shanghái, a través de la modernidad industrial de Wuhan, a la temprana

Edad Moderna de la China central meridional... quizás más atrás todavía. Una pequeña ciudad bajo la lluvia: puertas abiertas detrás de las cuales parece haber garajes, pero en realidad son pequeños negocios o casas privadas en las que se sientan los hombres alrededor de una mesita a jugar al *mahjong*, un juego tradicional de piezas de cerámica para cuatro jugadores, cuya dinámica se parece a los juegos de naipes como el póquer o el rummy. Suelen jugar por pequeñas apuestas, a veces por muchísimo dinero, y casi siempre durante largas horas. Las mujeres se mantienen en segundo plano, a menudo agazapadas, de cuclillas en el suelo. Se sientan a veces a comer con los hombres a la mesa, pero no siempre. Sólo la escuela es de nueva construcción, grande, moderna. Algo por lo que el gobierno chino parece no albergar ninguna duda es en la importancia de la educación.

Al terminar de llover vuelve la vida a toda prisa en las calles. Emergen tiendas de verduras y puestos de comida callejera por doquier que ofrecen deliciosos platos de arroz o de tallarines fritos. Y por todos lados se fuman cigarrillos, especialmente los hombres.

Luego se estrecha la calle, se vuelve barro y lodo. Llegamos a pequeño pueblecito, nuestro destino por hoy. Silencio. Sólo se nos acercan de vez en cuando los perros callejeros, que parecen estar completamente sanos y cuidados, pero que son, para mi (agradable) sorpresa, tímidos. Las vacas pastan en libertad por los campos asilvestrados. Una charca, otra más, pantanosa, con un poco de basura aquí y allá; no invitan mucho al baño. Las casas se encuentran a veces en ruinas, casi siempre parecen muy viejas, aunque aquí también ser muy viejo significa otra cosa: de los años 1960. Las casas en China no se construyen para toda la eternidad.

Sin embargo, las personas son hospitalarias: tomamos el té en casa de un constructor local. Nos paseamos por el pueblo: casi no hay jóvenes, sino ancianas curiosas que nos saludan y quieren entablar conversación con el decano, mientras lanzan miradas tímidas al extranjero. A veces lo reconocen de antes, de cuando jugaba en el pueblo con sus hermanos; siempre se muestran muy agradables. Algunas llevan niños pequeños en los brazos: se ocupan de sus nietos porque los padres han emigrado a trabajar a la ciudad. Es un patrón muy corriente que se repite en toda China: la nueva generación crece casi sin excepciones en brazos de los abuelos.

Fiesta bajo los auspicios de Mao

Lo que me llama la atención: en las casas de campo no hay ningún corredor o zona de entrada, se pasa directamente desde la calle al salón. La entrada siempre se hace desde el sur —un suelo pelado y tosco de cemento o de barro—, en la pared de enfrente hay una especie de pequeño altar con varitas de incienso, velas, té, un paño rojo encima del cual no es infrecuente que cuelgue un retrato gigante de Mao: a día de hoy, Mao ha ingresado en el lugar de los dioses y prácticamente reina sobre todos los hogares. La imagen alternativa es la de una grulla: después de que se prohibieran los dioses, se convirtió en símbolo de lo trascendente o de lo eterno para muchos chinos meridionales.

Sí, en este lugar sí se tiene tiempo. Siempre hay tiempo para tomar un té con el invitado y todavía más para las comidas. El promotor inmobiliario, el alcalde, uno que vive de escribir: nunca había llegado un extranjero al pueblo, dicen. Organizan una comida de gala para los visitantes en la casa de huéspedes del pueblo, asombrosamente moderna, aunque hecha a la manera tradicional autóctona. Sólo se sientan hombres a la mesa; las mujeres traen la comida en fuentes, una tras otra, durante toda la cena. Pescado, pato, rana, morcilla, también tofu y verduras, pollo y arroz y patatas: sigue incesante el desfile de un plato tras otro. Pero es mucho más importante fumar y beber. Se fuma durante la comida, cigarrillos Yellow crane, por ejemplo. La ceniza cae sobre el suelo de piedra. Y se brinda por cada uno de los presentes con un aguardiente de trigo muy fuerte, de alta graduación: tienen delante de sí una jarra y un vasito, poco mayor que un dedal, pero que debe rellenarse sin cesar para poder brindar una y otra vez a la salud de cada uno de nosotros y alabarlo y darle las gracias y jurarle amistad y hermanarse con él. Una y otra vez. Es una cuestión de hombría: «¿¡Eres un hombre de verdad!?», me pregunta una y otra vez el decano que me ha traído hasta aquí, hasta su pueblecito natal, que él mismo no ha pisado desde hace muchos años, desde hace décadas. «Por supuesto que sí», y rellena el siguiente vaso. Bueno, quizás no tan *de verdad*: cada vez mezclo más té en el pequeño dedal de aguardiente, y al final termino por beber sólo té, mientras que mis acompañantes, al igual que los demás huéspedes, están ahora borrachos de verdad y sólo llegan a la cama de milagro. ¿Y las mujeres? Hace rato que no se las ve.

El té es siempre lo primero y lo más importante. En todas las casas y chozas en las que nos acogen con la ayuda del decano, al que reciben como si fuera el hijo pródigo, nos ofrecen de inmediato té caliente. También su madre de noventa años, que lleva una vida sumamente modesta en una habitación sencilla, pero que resplandece como si fuera la reina de la tierra, se apresura a preparar la tetera. También el viejecito hostigado por el Párkinson que lleva a solas, más mal que bien, la pequeña tiendecita del pueblo —su mujer murió, los hijos viven en la ciudad—, en la que en este preciso instante aparece en la gran pantalla del televisor el desfile del Estado para celebrar el día de la fiesta nacional, tiene las tazas de té a punto. La agricultura ya apenas es rentable a pequeña escala; aparte de unas cuantas gallinas en el patio trasero, bajo un par de árboles frutales, ya no se hace mucho más. Los alimentos de China provienen de granjas inmensas y de invernaderos gigantes. El pueblo vive en una detención del tiempo: entre la partida de los trabajadores migrantes que lo han abandonado, el anhelo de ciudad de los que se han quedado, y la espera; la espera de los que se han ido, la espera de la llegada de la modernidad. Ya se perciben algunas de las señales de su llegada al pueblo, la modernización ya aparece en algunos lugares: en el suministro de electricidad, por ejemplo, mientras salta a la vista que el campo se muere, al mismo tiempo. Alrededor de las casuchas torcidas, por las pocilgas ruinosas, las letrinas. A veces también se encuentran aseos exteriores públicos, a estrenar, una señal de la modernización. Ante cada casa, un pozo del que se puede bombear el agua. O se podía. A veces llegan tuberías de agua nuevas, pero a menudo no es así. Las casas suelen disponer de un solo espacio, un fuego a

tierra justo tras la puesta de entrada, que se usa como cocina. A veces tienen un agujero en el tejado, una clarabo-
ya abierta al cielo a través de la cual llueve y tiene que llover. Una forma radical de «fuente celestial» a través de
la que, según las enseñanzas del Feng Shui, la luz, el aire
y el agua (y con ellos los espíritus de los antepasados)
deben penetrar sin estorbos y circular libremente por la
casa. El suelo es de barro o de cemento: gris, inhóspi-
to, lleno de deshechos, lleno de palanganas y de cubos.
Alejada del pueblo, integrada en los campos, una puer-
ta amarilla de nueva construcción erigida al viejo estilo,
con dos leones de piedra aterradores, debería proteger
la entrada y la salida.

El regreso a Shanghái

Luego, nuevamente en el tren de alta velocidad, pero
ahora en la dirección contraria, de vuelta hacia Shanghái. Primero a través del paisaje montañoso impresionante de la vieja China, a lo largo de estanques de lotos,
invernaderos, campos de cultivo. Después atravesando
los paisajes de las grandes urbes: Nanjing, Suzhou, la
Venecia de Oriente. Finalmente, llegamos a la colosal
estación de Hongqiao, la mayor estación de tren de toda
Asia en superficie. Llueve. Otra vez. La Huaihai-Road al-

rededor de la Shaanxi South Road Metrostation hierve de actividad, y todavía hay más movimiento en la Nanjing Road. Las luces rojas y azules de los coches y las unidades móviles de la policía puntúan ahora el cuadro que dibujan las calles, aunque apenas si emplean las sirenas. Por todas partes tormentas de neón. Pantallas gigantes no sólo en los comercios, también en las calles, en los autobuses, en todos sitios. ¡Qué contraste con las casas cubiertas de hiedra, medio derruidas, y las callejuelas fangosas de los pueblos de Huang Pi!

La mañana siguiente es domingo y, además, fiesta nacional; marca el comienzo de la «semana dorada», una de las dos semanas de vacaciones que se hacen en China (la otra es en mayo) y en la que el país entero se pone en marcha. Unos salen de la ciudad para regresar a los pueblos natales, los otros vienen de allí para visitar la gran ciudad. Por la mañana temprano las calles están todavía soñolientas, reina una paz inaudita, en especial, en el casi idílico barrio viejo de la ciudad que los extranjeros llamamos *French Concession*. El último de su clase que queda en pie. No hay ni un solo shanghaiano que lo conozca por ese nombre, como tampoco han oído hablar los chinos del *Bunt* —el nombre británico del malecón de Shanghái— del que hablan desde la primera página las guías de viaje alemanas, inglesas y francesas. Desde este punto central al oeste de la metrópolis, a orillas del río Huangpu, se ve, al otro lado de sus orillas, el impresionante perfil de la ciudad con la Shanghái Tower, el segundo edificio más alto del mundo y el rascacielos llamado «abrebotellas» que saludan desde lo alto, mientras que a sus espaldas los edificios de la época colonial exhiben un interesante juego de contrastes. En medio de todo ello el perezoso deambular de la corriente del río sobre el que transitan las lentas gabarras. Cada día, a las once de la noche en punto, se apaga la iluminación estridente, colorida y parpadeante de los rascacielos de la ciudad. Los elevados monstruos que reinan los cielos se transforman en el escenario de un sueño primitivo, en seres atemporales de fábulas arcaicas, entre jirones de nubes oscuras.

La ordenación de la masa

Volvamos a la *French Concession* en la mañana del domingo. Casas de un piso y medio, callejuelas estrechas, peatones que deambulan, pequeños comercios de venta ambulante. Casi no hay tráfico, pero sí muchos ciclistas. Unos pocos europeos. No se siente uno aquí como en el siglo XXI, más bien, es una mezcla de la época colonial y la Europa de los años 1950. Esta impresión no permanece mucho rato. A medida que el día avanza y que penetramos hacia el oeste, se va haciendo cada vez más rápido, más variado y más ruidoso. En la *East Nanjing Road*, los campos elíseos de Shanghái, el ambiente hierve a borbotones como si alguien hubiera puesto el fuego de olla a presión a la máxima potencia. Han cortado la calle al tráfico para este día festivo, pero eso no impide que a uno se le corte la respiración ante las inmensurables masas humanas que se tambalean de un lado a otro. Allí donde la cosa se pone estrecha —y cada pocos minutos la cosa se pone *muy estrecha* en las calles y en el sistema de transporte público de Shanghái— el movimiento se parece a una batalla: se aprovecha y se rellena cada milímetro, cada hueco. La consideración por los demás es algo que ni siquiera se contempla: nadie ayuda a la madre a bajar las escaleras con el cochecito del bebé, nadie se levanta para que el viejecito se pueda sentar en el metro, nadie deja espacio para dejar pasar a la tímida adolescente de trece años. Sin embargo, a la vista de la estrechez y del ritmo de los movimientos, hay algo más que llama la atención: la ausencia absoluta de agresividad. En ninguna parte se empuja, nadie maldice, ni insulta, ni amenaza. Si se observa detenidamente, uno se da cuenta que un comportamiento está relacionado con el otro: como nadie espera ninguna consideración ni ninguna muestra de cortesía, nadie se siente maltratado, ni siente que le pasan por encima ni que se aprovechan de él, por lo que no hay razón alguna para quejarse. Aquí no hay expectativa alguna que defraudar, no hay casi ningún tipo de interacción sociomoral entre desconocidos en la calle. En lugar de eso hay otra cosa: entre las masas que se azuzan y discurren, desplegados en lugares concretos, encontramos pequeños grupos de soldados que dibujan en formaciones distintas ahora un triángulo, allí una línea, más allá un círculo. Y siempre están de pie, absolutamente inmóviles. Así, parecen simbolizar lo permanente, lo estable, lo inamovible del orden y el poder en el paisaje de la transformación imprevisible y el cambio veloz.

Esta peculiar y sutil interacción entre el movimiento tumultuoso y los pequeños focos calmos de inmovilidad se encuentra también en otros lugares y bajo otras formas en Shanghái. Quizás su versión más impresionante esté en el Jardín de Yuyuan, un pequeño barrio que conserva en su integridad las construcciones tradicionales, con grandes casas de entramados a vista que uno reconoce inmediatamente por sus vigas de madera rojiza y sus preciosos tejados ondulados. Estas casas rebosan con el surtido de innumerables tiendas de *souvenirs*. Millones de pañuelos, variedades de té, figuritas de jade, piedras, miles de inciensos, juguetes, golosinas. En mitad del barrio, una gran plaza: en el lado derecho, un *Starbucks* saluda desde la más bonita y la más grande de las casas colindantes. En el centro de la plaza se levanta un edificio verdaderamente antiguo y venerable, que resiste desde hace casi cinco siglos. Lo rodea un canal de agua en el que se forman varios estanques, atravesado por un pequeño puente oscilante. Una fuente. Las hojas de loto se mecen suavemente sobre el agua. Dos cisnes nadan entre ellas. Haciendo eses con destreza, pasando sobre el agua, los miles de turistas que se pasean por las calles pueden llegar hasta la casa, al otro lado. El espacio que se crea entre el agua y los entramados de madera de las casas ofrece imágenes y destellos que provocan la ilusión de estar en un paraíso solitario, en una calma intemporal. Cisnes entre las hojas del loto. Una fuente delante de un pequeño puente que cruza un estanque. A esta ilusión ayuda el hecho de que todo transcurre de manera sorprendentemente silenciosa. Si lo comparamos con Nueva York, con su tráfico atronador, el aullido ininterrumpido de las sirenas, la música amenazadora por todas partes... Shanghái parece casi un convento, y esto de aquí, un oasis de quietud.

Plegarias utilitaristas

Menos capacitado para ejercer como oasis de la desaceleración es el cercano *City God Temple*, que también se encuentra en el barrio del Jardín de Yuyuan. Está superpoblado del mismo modo. En tres de sus lados, bajo salas tejadas y a menudo empapeladas de oro, descubrimos las figuras de plástico de diversos dioses a las que se les puede rezar para pedir salud, dinero, para sacar una buena nota en el *gaokao*. No obstante, nadie se detiene durante demasiado tiempo para ello: uno se arrodilla a toda velocidad, hace tres reverencias, se disculpa, en el caso de que no conozca el nombre ni el significado de alguno de los dioses. Al frente, reina sobre el trono el dios de la ciudad, el más poderoso de todos. En China la calidad de un dios se mide por su eficacia: ¿ha satisfecho los deseos? En ese caso, los creyentes regresan y gastan dinero con generosidad, de manera que el templo es cada vez más extenso, más suntuoso y más poderoso, y llegan a él más y más creyentes. Si no se conceden los deseos, uno se mantiene alejado del lugar, el templo se va desmoronando, ya nadie lo visita.

Además, los chinos se muestran definitivamente ingeniosos y muy poco remilgados a la hora de crear nuevos dioses. Una empresa especialista en santuarios de Pequín ha conseguido crear un verdadero nuevo dios de los coches, con bigotito y volante en mano. Y, cierto es, en China podría ser necesario un dios de este tipo. En el trayecto hacia el aeropuerto internacional de Pudong uno observa impresionado que los mismos principios que imperan para los peatones en las calles se mantienen en las autopistas: ninguna agresión, nada de bocinas (eso es diferente en Wuhan y en Huang Pi, el país amarillo, puesto que en Shanghái está prohibido pitar). En cambio, aprovechan sin compasión cualquier huequecito para adelantar y uno cree estar dentro de un juego de ordenador: adelantan por la derecha, rozando un camión, a la izquierda, dándole la vuelta al autobús, por el otro lado, parachoques contra parachoques bailando un vals con un Chevrolet entre dos taxis. En la radio del coche, muy adecuados para este momento, suena la *Cabalgata de las valquirias* de Wagner seguida del *Coro de los peregrinos*, y para desacelerarse, luego, un contratenor haendeliano. La música clásica está muy de moda en Shanghái. Sin embargo, a uno no se le quita la sospecha de que hasta esta música sirve sólo de instrumento. Por un lado, como fermento que acrecienta la distinción y el rendimiento; por el otro, como tranquilizante en esta guerra infinita para ser siempre el número uno: para tener un mejor *hukou*, el mejor *gaokao*, el rascacielos más alto, el centro financiero más importante, el centro comercial inmenso. Pero sigue lloviendo en Shanghái.

El nacimiento del concepto de resonancia

Las nuevas teorías nacen a menudo en una fracción de segundo. Eso es lo que le ocurrió, según cuenta la leyenda, a Arquímedes con su famoso *¡Eurêka!* (¡lo tengo!). En una colección consagrada al origen de las ideas, «D'où viennent les idées?», *Philosophie magazine* entrevistó a algunos de los grandes filósofos de nuestro tiempo preguntándoles sobre los misteriosos orígenes de sus conceptos clave. Hartmut Rosa fue uno de ellos, y expuso sus reflexiones sobre el concepto de resonancia.

Primero fue una sensación bastante corporal, una experiencia concreta, situada. Todo empezó hace ocho años, en el pueblito de Grafenhausen, de donde vengo y donde vivo una parte del año. Desde mi casa veo las colinas y los valles que se extienden hasta los Alpes. En los atardeceres serenos, me encanta quedarme de pie y detenerme un momento ante la ventana abierta de mi habitación, observando el mundo y contemplando mi relación con él. Me fui dando cuenta gradualmente de que la manera en la que me relacionaba con el mundo y el mundo se relacionaba a su vez conmigo era ligeramente diferente cada día. Por supuesto, había una gran diferencia si el cielo era azul y despejado, los pájaros trinaban y una calidez fragante subía hacia mi ventana o si, en cambio, el cielo era gris, hacía frío y llovía. Pero no era sólo el mundo exterior el que cambiaba, también era la respuesta o la receptividad de mi propia mente y de mi cuerpo lo que se modificaba. Empecé a considerar la diferencia entre sentirse bien y sentirse mal, por decirlo así. Cuando me sentía animado, parecía como si el mundo se abriera ante mí; literalmente, tenía la impresión de que había

una infinidad de cuerdas vibrantes, que cantaban y re-
verberaban incluso, yendo de un lado a otro, entre mí
mismo y el mundo, llamándome, invitándome hacia el
mundo. Me di cuenta de que estas cuerdas consistían,
en parte, en otras personas: ahí afuera estaban mis amigos, esperándome; mi familia, a mi lado; mis colegas,
que contaban conmigo; mi grupo de música, listos para
tocar juntos; y un público más amplio de personas interesadas en leer lo que les quería decir. Pero también estaban las cosas por hacer que me llamaban, las tareas, los
retos y las aventuras: la música, el deporte, el trabajo, incluso la política. Me sentía como si hubiera algún tipo de
«interpenetración», de «energía libidinosa», como lo
hubiera llamado Marcuse, entre el mundo y yo. Cuando
estaba de mal humor esas cuerdas perdían su capacidad
de resonar. Se volvían sordas y silentes. Ya no parecía
que el mundo exterior cantase, más bien me clavaba la
mirada de un modo casi hostil o se volvía indiferente por
completo. Tenía, en verdad, la fuerte impresión de que
las superficies del mundo se volvían duras, frías, me re-
chazaban. ¿Por qué el mundo cantaba y resonaba un día,
y me miraba con frialdad y en silencio a la tarde siguiente? No parecía que fueran las grandes cosas de la vida lo
que causaba esa diferencia. A veces, yo tenía «objetiva-
mente» las razones de peso para sentirme satisfecho o

feliz (éxito, dinero, salud, de todo), pero el mundo se-
guía siendo, a pesar de ello, sordo; y en cambio en otros
momentos padecía una retahíla de fracasos y aun así los
ejes de resonancia vibraban. A menudo eran las pequeñas muestras de reconocimiento o falso reconocimiento
lo que marcaba la diferencia: un amigo casi olvidado que
llamaba, un desconocido que me sonreía, un miembro
de mi familia que demostraba su amor o su confianza.
Y todavía lo sentía de un modo más intenso si venía del
lado negativo: si no recibía la llamada que estaba espe-
rando (por muy insignificante que fuera en cuanto a su
importancia), si mi vecino no devolvía mi saludo o apenas lo hacía, si una conversación en familia se torcía...
Mi sensación no provenía de los resultados en sí, sino de
la falta de calidez y comprensión: ésas eran las cosas que
me hundían o que me apagaban o que apagaban el mundo. Y entonces me di cuenta de que, para mí al menos,
la música tenía un papel muy importante. Cuando los
ejes de la resonancia estaban abiertos, sentía brotar una
melodía o una canción, literalmente, en los labios o en
el corazón, y cuando ponía música en mi habitación, era
como si la música de los altavoces, la música en mi interior y el mundo exterior formaran una alianza secreta,
estuvieran conectados. Mientras que en los días malos
era capaz de apreciar que la música que salía de los alta-

voces era magnífica pero no me conmovía y, desde luego, no sentía que tuviera nada que ver con el mundo exterior. Esta última observación fue lo que me hizo dudar de seguir a pies juntillas a mi profesor académico, Axel Honneth, quien piensa que el deseo de reconocimiento social y el miedo a ser falsamente reconocido es el mecanismo interno, ese motor impulsor que nos hace seguir adelante. No queremos simplemente que nos quieran, que nos respeten, que nos admiren o nos aprecien; también queremos que nos conmuevan y conmover, buscamos *conectar*. En pocas palabras: necesitamos resonancia, una relación receptiva con las otras personas, pero también con la naturaleza, con nuestro trabajo y, como diría Charles Taylor, mi otro puntal filosófico, con un cosmos que tenga sentido o, quizás, que sea afirmativo. Llegué a la conclusión de que en este punto nos hallábamos no sólo ante el corazón de la tradición romántica europea —ese anhelo profundo de experimentar el mundo como un mundo hechizado y «que canta»— sino también ante el más grande, el más profundo de los miedos de la modernidad: que el mundo, sin importar ya cuán capaces seamos de instrumentalizar la naturaleza, se vuelva «ajeno», silencioso, no-receptivo, indiferente hacia nosotros. Ése es el miedo que encontramos detrás del concepto de *alienación* de Marx, detrás de la noción de *desencantamiento* de Weber, de la preocupación de Lukács por la *reificación*, o de la experiencia de lo *absurdo* de Camus... Ésa es la razón por la cual solemos poner música en todas partes, también en los supermercados y en los ascensores. Nos taponamos los oídos con música para alejar al mundo «real» de nuestras ciudades (en el autobús o en el metro, por ejemplo), porque hace mucho tiempo que perdimos la esperanza de obtener de ellas resonancia alguna. Por lo tanto, esta forma de musicalización puede leerse como una señal de pánico desde el mundo silencioso. Y no cabe duda de que la velocidad de la vida, la aceleración implacable de todas las formas de interacción con el mundo, no nos ayuda a ganar o a abrir de nuevo nuestros ejes de resonancia. Puesto que establecer o mantener relaciones receptivas, resonantes —no sólo con las personas, también con las cosas, con los lugares y espacios y con el trabajo— requiere mucho tiempo. Por lo tanto, la tarea que tengo por delante es la de escribir una exhaustiva sociología de la resonancia que especifique las condiciones sociales bajo las cuales el mundo se vuelve receptivo o indiferente hacia nosotros, los seres humanos.

HABLO AL MUNDO Y ME RESPONDE

¿Qué es una vida buena? Después de haber elaborado un diagnóstico magistral del ritmo frenético en el que están sumidas las sociedades contemporáneas, el pensador alemán Hartmut Rosa entrecruza sociología y filosofía con brillantez para invitarnos a ingresar en experiencias de «resonancia», a través de las cuales nuestra relación con el mundo se revitalice. Este artículo recoge su propuesta para un posible remedio a los males de nuestro siglo. Conduce esta entrevista Alexandre Lacroix.

Para esta entrevista, nos encontramos con Hartmut Rosa en Titisee-Neustadt, una pequeña localidad turística de la Selva Negra alemana. Nuestra cita tiene lugar en una cafetería cercana a la estación de tren que ya no está en uso. Durante estas dos horas, este sociólogo alemán ya conocido en el mundo entero por su ensayo de 2005, *Aceleración*, nos presenta su nuevo concepto: la resonancia. Es la propuesta teórica que despliega en un ambicioso libro de más de 500 páginas y en la que el autor se propone afrontar un reto. Actualmente, Hartmut Rosa es el heredero más prominente de la Escuela de Frankfurt, representada anteriormente por Theodor Adorno, Walter Benjamin, Herbert Marcuse y también Axel Honneth. Inspirados por una lectura libre de Karl Marx, estos pensadores se dedicaron a la crítica de la civilización capitalista y de la alienación. Sólo Hartmut Rosa se ha atrevido a tomar el riesgo, nada común, de pasar de la crítica a la propuesta. En *Resonancia. Una sociología de la relación con el mundo*[1] expone su con-

---

1. Título original: *Resonanz. Eine Soziologie der Weltbeziehung*, todavía sin traducción al español. Entre otras, existe traducción al francés: *Réso-*

cepción de una existencia verdaderamente digna de vivirse. ¿Qué es una buena vida, hoy en día? No la vamos a encontrar, según Rosa, ni en el yoga, ni en la meditación, ni en la alimentación ecológica, ni en los paseos por el campo. Y mucho menos en una isla griega o perdidos en una cabaña en medio del bosque. ¿Qué hacer, entonces? Nos anima a tomar los caminos de la resonancia, una noción más política de lo que parece a simple vista.

Alexandre Lacroix ¿Por qué piensa que la modernidad nació con las novelas de caballerías?

Hartmut Rosa Con el ciclo de la mesa redonda, la palabra «aventura» cambia de significado. Es una palabra derivada del latín *adventura*, «lo que tiene que suceder», que a su vez deriva del verbo *advenire*. Lo que adviene, a ojos de los griegos o de los latinos, es el destino. Vivir una aventura es, por lo tanto, algo pasivo, es someterse a la fatalidad, es soportar los acontecimientos que el rumbo del mundo impone sobre nosotros. Pero en las novelas de caballerías, la aventura se transforma en algo

---

nance. Une sociologie de la relation au monde, La Découverte, París, 2018. [N. de la T.].

activo: el héroe vaga por el mundo, supera obstáculos, descubre el amor, tiene un destino individual.

A. L. Los caballeros serían los primeros existencialistas.

H. R. Exactamente, están en plena búsqueda, el sentido de su existencia no les viene dado por adelantado.

A. L. Somos caballeros, pero también somos románticos alemanes, según usted.

H. R. ¡Cuidado! Es cierto que cito con frecuencia a los poetas románticos en mi libro. Heine, Eichendorff, Novalis… Pero no me gustaría quedar como un nostálgico. Y tampoco se trata de ninguna coquetería literaria. No se olvide del subtítulo de mi libro sobre la resonancia: *Una sociología de la relación con el mundo.* Los románticos se inventaron nuevas relaciones con el mundo. En el amor, si eres un romántico, no te contentas con un matrimonio que se justifique por la tradición o por consideraciones económicas, exiges que la pareja sea el lugar para la comunicación de las almas. Antes que los alemanes, quizás fue Rousseau quien formuló esta exigencia con más claridad en *La Nouvelle Héloïse.* Los románticos inventaron esta manera de amar que se tradujo a nuevas formas sociales.

A. L. También inventaron un nuevo vínculo con la naturaleza.

H. R. Según ellos la naturaleza nos comunica sentimientos. El paisaje derrama sobre nosotros su carácter sublime o melancólico. Y lo mismo para el arte: la obra romántica debe conmoverte, debe dirigirse a tu sensibilidad y no solamente a tu intelecto. En eso los románticos son a la vez caballeros —es su vertiente activa, tienen en sus manos su propio destino— y románticos —es su vertiente pasiva, quieren que su alma esté abierta ante el mundo—.

A. L. Usted califica a nuestra época como «modernidad tardía». ¿Por qué «tardía»?

H. R. ¡Porque somos viejos! Lo característico de las sociedades modernas, en contraposición con las tradicionales, es que sólo encuentran su equilibrio dinámicamente, a través del crecimiento, la aceleración o la innovación. En el momento de la primera modernidad y luego de aquello que yo llamaría la modernidad clásica, en el siglo XIX, esta tensión hacia el futuro iba de la mano de la confianza en el progreso. Los modernos creyeron durante mucho tiempo que la sociedad y la política iban siempre a mejor: que sus hijos vivirían mejor que ellos mismos. En mi opinión, todavía estamos dentro de la modernidad, en el sentido de que seguimos necesitando la aceleración, nuestro equilibrio es dinámico. Aceleramos, pero sólo para no caer. Mire si no a su presidente Macron: quiere poner los motores del crecimiento económico a toda marcha y, si fracasa, el temor es que Francia se hunda. El crecimiento ya no es un ideal sino un imperativo cada vez más difícil.

A. L. ¿Entramos en la modernidad tardía hace, aproximadamente, treinta años?

H. R. Aunque pueda resultar un poco arbitrario, la fecha que debemos retener probablemente sea 1989. Ese año quedó marcado por la caída del muro de Berlín y la invención de la Web, el principio de la digitalización del mundo. Los efectos de la desregulación de los mercados financieros se sienten aproximadamente desde ese momento.

A. L. Esta modernidad tardía se caracteriza, según usted, por una crisis generalizada de las relaciones.

H. R. Durante mucho tiempo pensé que el problema principal de la modernidad tardía era la desincronización. Por ejemplo, el ritmo de la economía no es el de la naturaleza; la explotación de recursos naturales es demasiado rápida para que éstos puedan renovarse. Y otro problema: el ritmo de la tecnología no es el de nuestro psiquismo, y de ahí la explosión del *burnout* y de las depresiones. Y, además, la globalización va demasiado rápido para las instituciones políticas, en particular para la democracia, puesto que la deliberación es muy cronófaga. Pero me tropezaba con una dificultad: ¿quería decir todo eso que la velocidad es mala en sí misma?

A. L. ¿No es eso lo que da a entender su crítica de la aceleración?

H. R. No, no me reconozco para nada dentro del movimiento *slow*, de la *slow food* a la *Cittaslow*, la «ciudad lenta»; me parece una argumentación de márquetin, como si lo que intentaran vendernos fuera autenticidad. He llegado a la conclusión de que vivimos en una profunda crisis de las relaciones. De las relaciones con la naturaleza: es evidente con la crisis ecológica. De las relaciones con nosotros mismos: el consumo de psicotrópicos ha estallado en el conjunto de los países desarrollados.

Pero también es una crisis de las relaciones con los demás. Esta crisis la produce la aceleración, en la medida que ésta no nos deja tiempo para posarnos, de apropiarnos de los seres y del mundo, de entrar verdaderamente en relación con ellos. Pero la velocidad es sólo la causa indirecta de este problema.

A. L.   Para imaginarnos qué podría ser una buena vida, usted nos propone el concepto de «resonancia». ¿Por qué se ha acogido a un término musical?

H. R.   Es absolutamente evidente que nuestra sociedad está centrada en la percepción visual. Pero la audición me parece más vinculada de una manera más intensa con el problema de la relación, porque funciona en dos sentidos. Escuchas y hablas. Preguntas y respondes. Puedes mezclar tu voz con las voces del mundo. Hay quienes afirman que es peor ser sordo que ciego: personalmente, estoy absolutamente convencido de ello.

A. L.   Cita usted una bella frase de Adorno: «Es suficiente con escuchar al viento para saber si somos felices».

H. R.   Es una frase llena de verdad. Me recuerda un ejemplo de Maurice Merleau-Ponty, uno de mis filósofos preferidos. A veces, al despertar, uno atraviesa un primer estado de consciencia en el que el mundo parece desprovisto de sus significados habituales. Uno no ya sabe ni en qué habitación se encuentra, ni el propio nombre. Pero queda la presencia de ese mundo desnudo a nuestro alrededor. Esta presencia puede ser agradable o, al contrario, amenazadora. Eso es lo que significa la frase de Adorno, según creo: olvida todas tus preocupaciones corrientes, escucha al viento, entenderás realmente lo que acontece con tu presencia en el mundo.

A. L.   Llegamos a este punto a la dimensión menos racional, menos cartesiana de su demostración. Cuando me encuentro en resonancia, escribe usted, me dirijo al mundo y éste me responde.

H. R.   ¿Le parece raro porque, según usted, el mundo no habla?

A. L.   De alguna manera.

H. R.   Creo que es importante distinguir entre nuestras *concepciones del mundo* y nuestras *relaciones con el mundo*. Según nuestras concepciones del mundo, para nosotros, occidentales del siglo XXI, está claro que en realidad sólo hablan los seres humanos. El mundo físico está constituido por una materia muerta, sin voz. No voy a discutir eso, pero nuestras relaciones con el mundo son bien distintas. Desde el punto de vista científico la nieve se compone de cristales de hielo, pero cuando uno descubre que hay un manto de nieve cuando por la mañana abre los postigos de las ventanas, tiene una experiencia de otro orden. Si me paseo por el bosque puedo decir que el follaje murmura. Esta metáfora nos remite a una cierta calidad de mi relación con los árboles. Muchísimos intelectuales y miembros de la parte alta de la clase media comen comida eco. ¡Estoy seguro de que usted los conoce! Desde el punto de vista del conocimiento científico no está demostrado que los alimentos ecológicos sean mejores para la salud, pues son transporte de bacterias y se echan a perder mucho antes. Pero ¿por qué nos gusta encontrar tierra en los tomates? Porque a través de los alimentos ecológicos uno busca una conexión con la naturaleza de la que nos ha privado nuestra condición urbana. Incluso en una civilización materialista, racionalista, cartesiana, si usted quiere, se buscan con avidez los lazos afectivos con el mundo. Por eso es tan esclarecedora la fenomenología de Merleau-Ponty: en mi experiencia subjetiva el mundo y el yo no somos separables. Percibo el mundo y por lo tanto está en mí, pero de la misma manera yo me encuentro dentro de él. Es a ese nivel del nudo primigenio entre el Yo y el Mundo donde entra en juego la posibilidad de una conversación, de un juego de preguntas y respuestas, de resonancia. Y, por lo tanto, sí, cuando estoy resonando, hablo al mundo y me responde.

A. L.   Además, ha ido a buscar una confirmación de sus hipótesis al amparo de las ciencias duras, al recordar el descubrimiento de las neuronas espejo.

H. R.   Fue el descubrimiento del equipo de Giacomo Rizzolatti, de la universidad de Parma, en los años 1990. Cuando trabajaban con los macacos Rhesus, estos investigadores se dieron cuenta de que si uno de esos monos se entregaba a una cierta actividad, por ejemplo, cascar nueces, se activaban las neuronas relacionadas con esta acción en el cerebro de otro individuo de la misma especie que estaba observando la escena. El descubrimiento de las neuronas espejo fue un gran acontecimiento intelectual. Algunos vieron allí la base neuronal del aprendizaje, de la imitación, pero también de la empatía, mientras que otros pusieron de relieve que el término estaba mal escogido, sin ninguna duda. No son las *neuronas* en sí mismas las que reflejan la actividad observada en el mundo exterior, y parece que sería menos desafortunado decir que son los *procesos* que se desarrollan como un espejo en los dos cerebros. Pero eso no cambia gran cosa según lo veo yo...

A. L. ¿Diría usted entonces que la teoría de las neuronas espejo valida la hipótesis de la resonancia?

H. R. No, no iría tan lejos. Como sociólogo me interesan los comportamientos sociales y soy más bien escéptico por lo que se refiere a las neurociencias. Su nivel de análisis no da cuenta de la complejidad de lo social. Pero considero que la resonancia es, a pesar de todo, un fenómeno objetivo. Si me acerco a quien yo amo, mi corazón late más aprisa. Si una música me conmueve, siento escalofríos por todo mi cuerpo. Puesto que la resonancia es una relación entre un sujeto y el mundo, no es simplemente subjetiva, sino objetiva: eso es lo que yo defiendo.

A. L. ¿Incluso si la única persona que puede asegurar que se encuentra en estado de resonancia es uno mismo?

H. R. Si, admito que eso es un problema. Es un fenómeno objetivo del que sólo el sujeto constata su existencia. Pero para evitar malentendidos y salir de esta vaguedad, permítame que le ofrezca la definición más precisa del concepto de resonancia. En mi opinión, hay resonancia si y sólo si se satisfacen cuatro criterios. Primeramente, la *afección*. Debe afectarme alguna cosa del mundo exterior: un paisaje, una música, una persona, un acontecimiento. En segundo lugar, la resonancia está acompañada de *autoeficiencia*: el sujeto afectado se siente capaz de responder, va a reaccionar. Tomemos como ejemplo esta entrevista: quizás yo haya preparado respuestas a sus preguntas y podría soltárselas a bocajarro. Pero si usted y yo entramos en estado de resonancia, diré cosas que no estaban previstas de antemano. Me volveré activo en nuestra relación. En tercer lugar, y eso se desprende de lo precedente, hay una *transformación*: la resonancia aporta algo nuevo. Un profesor que da clase, si entra en resonancia con sus alumnos, se olvida del manual y se lanza a hacer digresiones, se transforma su discurso. En cuarto lugar, la resonancia es indisponible, no es *planificable*. Puedo comprar las entradas de un concierto en el que toca una orquestra excelente pero la música quizás me deje indiferente, la resonancia no se consigue por encargo.

A. L. «Modernidad tardía», «aceleración», «resonancia»… Armado con estos conceptos suyos, da usted una visión muy cáustica de nuestras sociedades. Y así, insiste usted en que en todos los centros urbanos los comercios que nos venden objetos (juguetes para los niños, muebles, antigüedades, herramientas para bricolaje) tienden a desaparecer, mientras que las que ofertan cuidados para el cuerpo (salones de tatuajes, de masajes, de depilación láser, salas de *fitness*, perfumerías) se multiplican. ¿De dónde sale esta transformación?

H. R. Cuando escribía el capítulo sobre el cuerpo, me pareció que estaba abordando un tema esencial, al que quizás consagre un libro futuro. Me acuerdo todavía del día en que compré mi primer ordenador. Ese objeto tenía tanta importancia para mí que le puse nombre. Sin embargo hoy, fíjese en su ordenador portátil o en su iPhone: alguien podría robarlos o rompérselos en las próximas semanas sin que eso cambiara nada para usted. Quizás se compraría usted un modelo más nuevo. Hoy en día puede vender sus muebles en una página de internet si hace una mudanza. Sus amigos pueden cambiar. También su situación sentimental. ¡Así es la ley de la aceleración! La única cosa que no sabrían cómo arrancarle sería su propio cuerpo. Si lo ha comprendido bien, empero, también se dedicará usted a invertir para mantener su capital corporal. A propósito, las élites quieren mantenerse en forma durante mucho tiempo y además parecerlo. Mire usted a Emmanuel Macron, es un joven presidente y tiene exactamente el cuerpo que exige su función.

A. L. ¿Diría usted lo mismo de Angela Merkel?

H. R. Desde el punto de vista de la apariencia, no lo sé. Pero esta mujer no duerme más que cuatro horas por la noche. Muchos de sus colaboradores dan testimonio de que nunca se cansa durante las negociaciones, lo que le permite obtener acuerdos muy buenos a menudo, porque agota a sus adversarios. Tiene, por lo tanto, un físico extraordinario.

A. L. Con respecto al cuerpo, opone usted dos actitudes. Algunos consideran su propio cuerpo como un objeto, una máquina: toman somníferos, practican la musculación. Otros, en cambio, ven a su cuerpo como si fuera un sujeto: prefieren la medicina alternativa, el yoga, la meditación… Pero usted afirma, y es una paradoja, ¡que los segundos están más alienados que los primeros!

H. R. ¿Cómo? ¿Yo he escrito eso?

A. L. ¡Por supuesto! Usted dice que aquellos que se interesan por su cuerpo-sujeto pretenden movilizar recursos muy profundos en su esfuerzo productivo y que eso es el *summum* de la alienación.

H. R. ¡Ah, sí! Ahora me acuerdo… Tome como ejemplo el insomnio, el *jet lag* o la gripe. Para superarlos, algunos tomarán somníferos, melatonina o antibióticos. Este tipo de actitudes se ven con más frecuencia entre las clases populares. De la misma manera que el consumo de alimentos grasos y azucarados está más extendido en los estratos más desfavorecidos. Se busca llegar rápido a la máxima energía. Sin embargo, del lado de las clases dominantes, de los ejecutivos, se erige como un ideal la autonomía del sujeto. Por eso deben afrontar el insomnio agotándose con el deporte; el desajuste horario que llevan, echando siestas cortas o practicando la meditación; la gripe, tomando aceites esenciales. La solución tiene que llegar de uno mismo, de su propia autodisciplina. Del mismo modo, las élites quieren mantener un cuerpo energético ingiriendo las mínimas calorías. Son sus recursos más íntimos, los más profundos, los que se movilizan en la competición social.

A. L. Como heredero de la Escuela de Frankfurt, es usted un pensador de izquierdas: no puede ser demasiado blando con las clases dominantes.

H. R. ¡Es lo justo!

A. L. Y no demasiado crítico tampoco hacia los dominados... qué más da si beben Coca-Cola y tragan pasti-
llas para adelgazar...

H. R. De acuerdo, de acuerdo, puede usted mofarse.
¡Pero ante todo soy un investigador! Voy en busca de la
verdad. Lo que me parece problemático es que las clases
dominantes pretenden optimizar todos los aspectos de
la vida, incluso los más íntimos; no salen nunca de la lógica del beneficio. Por eso vigilan todos los parámetros
de su propio metabolismo: definitivamente, se trata de
una alienación.

A. L. Para escapar a esta alienación ligada a la aceleración y a la búsqueda del beneficio, nos invita usted a ex-
plorar los caminos de la resonancia. Distingue tres tipos.
Primero, están los ejes de resonancia horizontales.

H. R. Nos vinculan a los otros seres humanos. El recién
nacido está en resonancia horizontal con su madre. La
familia es un espacio de resonancia, por lo menos cuando las relaciones no se han degradado. ¿Cuál es la diferencia entre un simple conocido y un amigo de verdad?

Tenemos momentos de resonancia con el segundo. Podemos decir a un compañero de trabajo: «Quedamos hoy de seis a seis y media». Pero casi sería insultar a un amigo si le concediéramos este tipo de cita tan encasillada donde no se puede producir nada imprevisto.

A. L. En su opinión la resonancia horizontal tiene asimismo una dimensión política.

H. R. Efectivamente, la democracia es un tipo de régimen que nos promete a cada uno de nosotros que se oirá nuestra voz, a través del voto o de la libertad de expresión. Digamos que la resonancia horizontal es una promesa de la democracia. En la práctica, los debates parlamentarios adolecen un gran defecto: desde el momento en que uno es diputado de un partido, su papel es no reconocer jamás la validez de los argumentos del adversario. Si estás en la oposición se parte del principio de que el gobierno se equivoca; de esta manera uno impide que se delibere en sustancia, uno bloquea cualquier resonancia transformadora. Sin embargo, la crisis actual de las democracias va más allá de esta flaqueza. Es sintomático que por todas partes oigamos exclamar a los partidos populistas contra los gobernantes: «¡No nos entienden!». Ése también es el sentimiento del pueblo en relación con sus élites. «Están sordos, no nos entienden, viven dentro de su burbuja». Lo que quieren decir: eso ya no resuena para nosotros. De manera hábil y perversa, Donald Trump pronunció esta frase extraordinaria en su ceremonia de investidura: «*I am your voice*», «soy vuestra voz». Con esto hace patente que ha comprendido muy bien el problema: hay muchos votantes que tienen la impresión de que no los escuchan. ¡Pero encima va a ser él quien les tome la palabra en su lugar!

A. L. ¿No se le podría objetar a eso que los nazis fueron los mejores creadores de resonancia horizontal con sus desfiles, con los discursos de Hitler que transportaban a las masas?

H. R. ¡Pregunta temible! Podría salir del paso alegando que la resonancia no está forzosamente dirigida hacia el bien. Pero sería traicionar la base de mi pensamiento, pues estoy convencido que la resonancia es buena *per se*.

A. L. ¿Entonces?

H. R. He aquí mi respuesta a esta pregunta que ya me hicieron en Alemania. Para empezar, la resonancia supone el encuentro con la alteridad. Escuchas una voz diferente a la tuya. Esos desfiles nazis afirmaban una única identidad aria. Excluir a los judíos, a los homosexuales, a los gitanos, a los negros, es no resonar en el seno de la comunidad humana. La democracia reposa en la expresión de una pluralidad de voces; los regímenes totalitarios tienen como objetivo lo opuesto: reducir al silencio todo discurso diferente del de su Partido. Luego, si se presta atención a la retórica nazi, a los discursos célebres como aquel de Joseph Goebbels en el Sportpalast de Berlín en 1943, es impresionante ver cómo éste exhorta al pueblo alemán a mantenerse frío, a no tener compasión, a ser implacable. La lógica es la siguiente: debemos matar a todos nuestros enemigos o van a matarnos ellos a nosotros. Esta manera de apagar en uno mismo todo sentimiento humano es la antirresonancia en estado puro.

A. L. De acuerdo, ¿qué dice usted de esos primeros momentos de entusiasmo y de adhesión en torno a Mussolini o a Hitler? ¿No había resonancia del discurso en los militantes?

H. R. Yo me hice a mí mismo una objeción todavía peor: imaginemos que un ss alemán se encuentra con un miembro del Ku Klux Klan. Estos dos individuos que representan la alteridad el uno para el otro, ¿podrán resonar conjuntamente, intercambiar, salir del encuentro transformados? La respuesta parece indicar que sí, ¡y todavía tengo que reflexionar sobre este problema!

A. L. Vayamos a por el segundo eje: la resonancia vertical. ¿De qué se trata?

H. R. Es la experiencia de un encuentro con un esplendor y una belleza que nos superan, con el mundo en sí mismo. Ese cielo estrellado, esa puesta de sol, esa sinfonía... son tan sobrecogedores que nos transportan más allá de nosotros mismos.

A. L. Cuando dice usted que esa resonancia es *vertical*, ¿es porque implica una especie de transcendencia?

H. R. Sí, y hablando de eso, las religiones están muy interesadas en mi concepto de resonancia, pero les inquieta un poco. Según creo, las grandes religiones monoteístas proponen experiencias de resonancia vertical a sus creyentes: ésa es la función de la misa, de la eucaristía, de las grandiosas arquitecturas de las catedrales, de la música sacra, de la plegaria. El atractivo de la religión se fundamenta en gran medida en esa promesa de resonancia dirigida a los fieles. Sin embargo, considero la necesidad de resonar como algo anterior a la fe y a la religión, es su origen, desde mi punto de vista, y eso es lo que inquieta a los religiosos de mi manera de abordar el asunto.

A. L. Por último, tenemos a los ejes de resonancia diagonales.

H. R. Suponen la presencia de una materia sobre la que podamos obrar. Mi padre era panadero, podía hablar durante mucho tiempo sobre el comportamiento de la masa de pan, mientras la trabajaba y la amasaba. A menudo los oficios artesanales o artísticos nos ofrecen esa sensación de dar forma al mundo y, a la vez, de ser moldeados por él.

A. L. La resonancia quiere ser un remedio para la alienación. Pero parece que sólo la experimentamos, sobre todo, en un entorno extraprofesional: en la amistad, en la naturaleza, en la iglesia o delante de las obras de arte. ¿Significa eso que permanecemos alienados de lunes a viernes y que debemos buscar la resonancia durante los fines de semana? Dejando de lado el caso del artesano o del artista, un obrero de la BMW, un director de ventas de H&M, ¿pueden resonar durante sus horas de trabajo?

H. R. Le voy a responder en dos tiempos. En primer lugar, mi concepto de resonancia no sería demasiado útil si no pudiera aplicarse también a la vida laboral. Y ahí, tiendo a creer que los obreros de la industria automovilística, que los jefes de producción de las multinacionales conocen momentos de resonancia, en la medida en la que sienten algo como el amor por el trabajo bien hecho. La gran mayoría no obtiene ninguna satisfacción de su trabajo si no se les da el tiempo y los medios necesarios para hacerlo bien. Hay demasiadas organizaciones en las que la búsqueda del beneficio y de la optimización destruyen la posibilidad de hacerlo bien. Todos los estudios de la sociología del trabajo muestran que es justo en ese instante cuando los asalariados se desconectan, cuando pierden la motivación o se dirigen hacia el *burnout*. Por lo tanto, en la esfera profesional hay una fricción entre lo que yo creo que es necesario para hacer bien mi trabajo y los objetivos de rentabilidad que me imponen. Esa fricción es inevitable dentro del paradigma actual. Y es justo por eso, y aquí viene mi segundo argumento, por lo que pienso que es necesaria una transformación más profunda. Aspiro a una organización sociopolítica en la que el crecimiento y la acumulación de riquezas no sean los únicos objetivos que se ofrecen a la actividad de los seres humanos.

¡Inyectar un poquito de resonancia dentro de un mal sistema no es suficiente! Mi sueño sería que fuéramos mucho más lejos, lo que requiere reformas políticas ambiciosas e, incluso, un cambio de época.

LA PATRIA EN LA ERA
DE LA GLOBALIZACIÓN

Hartmut Rosa escribió este texto para la tercera edición del Festival Mode d'Emploi que Villa Gillet organizó en noviembre de 2014. En él explora la noción de «patria» a la luz de su propio concepto de resonancia.

Como seres humanos nos sentimos unidos al mundo de manera cambiante. A veces tenemos la impresión de que podemos confiar en las cosas y en las personas que nos rodean, que «responden» a nuestros sentimientos y necesidades, y nos sentimos unidos al mundo de muchas y diversas maneras: a través de experiencias e historias compartidas, y por medio de los roles que tomamos en sus vidas y que ellos toman en las nuestra. De ello resulta una sensación de pertenencia recíproca: las personas, las cosas, el espacio a nuestro alrededor no nos son indiferentes, también nos sentimos responsables de ellos y de sus movimientos, y sus transformaciones son trascendentes para nuestra propia vida. Parecen respondernos y sostenernos.

Por el contrario, la experiencia que vivimos en los malos momentos resulta completamente distinta: las superficies del mundo se vuelven, en cierto sentido, duras y silenciosas, inhóspitas o, como mínimo, indiferentes hacia nuestras necesidades y sentimientos.

Para Nietzsche, esta última manera de existir es una consecuencia inmediata de la pérdida de la patria.

«Los cuervos graznan / y dirigen su vuelo zumbante a la ciudad: / pronto nevará / ¡bien por aquel que aún tiene patria!», canta la conocida primera estrofa de un poema que se transforma en amenaza al llegar al verso final: «¡Ay de aquel que no tiene patria!». El extranjero es, para poetas como Nietzsche o como Rilke, en cierto modo, el símbolo de cierto proceso de alienación en el que el mundo y el sujeto se vuelven, el uno para el otro, indiferentes y abstractos; mientras que la patria funciona como metáfora de una relación con el mundo en la que el sujeto y el mundo se aluden positivamente y con llamativa, colorista vivacidad.

Este uso de las palabras «patria» y «extranjero» se ha inscrito profundamente en las relaciones semánticas de la lengua alemana. Sin embargo, hay todavía otra manera de *entrar en relación* con el mundo cercano y el más alejado, que se refleja en una distorsión de las connotaciones de «patria» y «extranjero»: las cosas, las personas y las relaciones a nuestro alrededor pueden presentarse como restricción, represión y opresión intolerables y en ese caso ya no son «responsivos», ya no responden a nuestros más profundos deseos, necesidades y capacidades sino que, en cierto modo, son «repulsivos», enemigos, nos rechazan.

El extranjero puede, por el contrario, presentarse como algo tentador, abierto, «cantor del sí». *Fernweh,* «nostalgia de lo extranjero», y «añoranza» llama nuestro código lingüístico a cierta forma de «confrontarse con el mundo» que se caracteriza por el convencimiento de que el ancho mundo se comporta con nosotros de una manera, por lo general, responsiva y afirmativa, aunque todavía no nos encontremos «en el lugar adecuado».

La modernidad toma su punto de partida, precisamente, de este sentimiento existencial: está ligada a él de un modo irremediable. El hombre moderno se fuerza a encontrar una *nueva patria,* escogida por y para sí mismo. Desde la perspectiva de la teoría social ello conduce a una dinamización de nuestra relación con el mundo nunca vista. La modernización no es nada más que el sempiterno correr para *poner en movimiento* nuestro entorno material, social y espiritual. La modernización es movilización: a través de la aceleración técnica del transporte, las comunicaciones y el tráfico, a través de la *aceleración del cambio social* como consecuencia de la disolución consciente de las tradiciones y las convenciones, y a través del incesante *incremento de nuestro ritmo de vida* nos hemos ocupado de que los espacios, las cosas y las personas que constituyen nuestro entorno y definen el mundo en el que vivimos se transformen a intervalos cada vez más cortos. La aceleración social transforma, así, de una manera fundamental cómo nos *ubicamos en el mundo*, porque determina la transformación de nuestras relaciones con el espacio, las cosas y las personas y, por lo tanto, con nosotros mismos. La movilidad no significa, por lo tanto, ser sólo capaces de movernos por el espacio, sino también movimiento espiritual y social y laboral, etc. El concepto empático de patria, en alemán, sólo podía originarse cuando la experiencia del mundo ya se hubiera dinamizado: es la expresión del miedo a la alienación provocada por la aceleración y manifiesta el deseo de una «inmovilización» de nuestras relaciones con el mundo. Mientras la patria siga siendo el *hecho indubitable* de nuestras relaciones con el mundo, será inalcanzable para el hombre moderno, y, a pesar de ello, sólo puede tener un sentido y un valor para él. La patria es, por lo tanto, una idea extremadamente paradójica.

Pero ¿cómo cambia la manera de *estar en el mundo* en el curso de los procesos de movilización de los nuevos tiempos? El hombre premoderno, mientras vivía en una construcción social que formaba parte de un orden cosmológico predeterminado, poseía un *a priori* definido desde el nacimiento, un lugar fijo en un mundo ordenado y predeterminado. Con la modernidad se deshace este compromiso inamovible del sujeto con el espacio, las cosas y las personas: *¡encuentra tu propio lugar en el* *mundo!* Ésta es la tarea fundamental del sujeto moderno. El propio lugar se define a través de una profesión, una familia propia, un lugar de residencia fijo, y a través de un posicionamiento político y religioso independiente. Esta tarea repercute de una manera definitivamente ambivalente en la experiencia del mundo: la moderna relación con el mundo puede vivirse como una *pérdida de la patria,* en el sentido de que se carece de un lugar donde establecerse con seguridad, pero, naturalmente, también como una *oportunidad de encontrar el lugar de resonancia apropiado.* Para tener una experiencia fundamental es importante que el propio mundo se perciba como esencialmente estable. Como evidencia con absoluta claridad el ideal de las novelas de formación, la moderna posición del mundo se dirige, en definitiva, a una representación de una identidad *a posteriori*: después de la crisis de autodeterminación de la adolescencia —que en realidad se puede interpretar como una «crisis de alienación»— se forma una nueva patria en la medida en que profesión, familia, lugar de residencia, religión y actitud política se pueden pensar como duraderos y estables. Los compromisos duraderos y escogidos por uno mismo, y las relaciones estables con el lugar «apropiado», resonante y que «va bien» con nuestro ser, son la representación ideal de la modernidad. Esta manera de *estar en el mundo* permanece dinámica ante la idea de un crecimiento, un incremento y un desarrollo ininterrumpidos: mejoramos nuestra capacidad y nuestra posición profesional en la «nueva patria», acabamos siendo religiosos y políticamente determinados, heredamos casas y criamos a los hijos, etcétera.

Sin embargo, este ideal existente desde la revolución política y digital de 1989 todavía se percibe como insostenible para la acelerada modernidad tardía: como el mundo ya no se transforma al ritmo del cambio generacional que permite que cada generación defina para sí misma una «patria» propia, sino que ha alcanzado entretanto una velocidad de cambio intergeneracional, a la luz de nuestras experiencias cotidianas, la idea de una patria estable se vuelve cada vez menos plausible. Lugares de residencia, puestos de trabajo, parejas de cierta etapa de la vida, convicciones políticas y religiosas: ninguna de estas experiencias abarca ya la duración de una vida entera, sino que se han hecho contingentes, móviles, intercambiables y, dentro de nuestras vidas, tienen plazos de validez inciertos, pero en cualquier caso limitados. Basta el ejemplo de que todas las «indicaciones de lugar» deben equiparse con un índice de duración: *por el momento* vivo en Múnich (pero estoy jugando con la idea de trasladarme a Berlín), *desde hace dos años* trabajo como diseñador gráfico (pero tengo esperanzas de conseguir un trabajo en publicidad), *la última vez* voté a la izquierda (pero eso no significa nada para las próximas elecciones), etc. Esta «temporalidad» de todas las relaciones con el mundo tiene sus consecuencias para nuestra manera de *estar en el mundo*. En la modernidad tardía, en realidad, ya no vamos en busca de una *nueva patria*; la ausencia de patria es, de una manera radical, nuestro destino. El sociólogo Zygmunt Bauman observa que de ahí viene el regreso y la «venganza» de los nómadas: los no-sedentarios en la «modernidad» clásica fueros estigmatizados como vagabundos y ahora, por el contrario, los que están en desventaja son los inmóviles, los que se aferran a una patria en el sentido de un lugar de residencia estable. El que no esté dispuesto a mudarse de lugar se transforma él mismo en un «problema de ubicación» y ya no es capaz de mantener en la rueda de la competencia. Hoy, estar fuera de casa de manera ininterrumpida se ha convertido en un emblema de la élite global, de la sociedad de la *jet-set* de políticos, artistas, deportistas, agentes y científicos; ellos son los ganadores de la globalización, los inmóviles son los perdedores. La dificultad de la autolocalización en el espacio local toma distintas formas: efectivamente, uno puede trasladarse de continente a continente sin que cambie sustancialmente nada, ni las personas ni las superficies espaciales con las que uno tiene que ver. Los hoteles, las pizzerías, los aeropuertos, los bancos y las filiales de las grandes cadenas comerciales tienen por todas partes el mismo aspecto y presentan las mismas ofertas, la música de fondo de los altavoces en las habitaciones climatizadas de todo el mundo son las mismas canciones pop, marginalmente diferenciables las unas de las otras. Además de eso, hay que añadir que uno puede conectarse igualmente a internet y a las redes telefónicas por todas partes. Por ello se puede ser físicamente muy móvil y a la vez mantenerse completamente inmóvil desde un punto de visa espiritual, social y «mediático»: ésta es otra de las variaciones de la «inmovilización frenética».

Wherever I may roam, where I lay my head is home (no importa donde esté yo, donde descanse mi cabeza estará mi hogar), reza una canción de Metallica, pero ¿qué significa aquí la palabra *home*? Lo que definitivamente ya no significa es la «interconexión» entre sujeto y mundo que caracterizaba las relaciones con el mundo de las épocas anteriores. Quien permanece largo tiempo en el mismo lugar establece una relación íntima con cada calle, cada esquina, cada casa. Conoce su historia y asocia un recuerdo con ellas, sabe cómo van cambiando con el paso de las estaciones y cómo huelen, cómo suenan y cómo se sienten al tacto. Después de cuatro o cinco mudanzas a una nueva vivienda ya no nos interesan todas estas cualidades: el que cambia una y otra vez su lugar de residencia crea una relación puramente instrumental con él. Las calles y las casas de alrededor únicamente le interesan en la medida en que tienen un significado funcional. Uno debe saber dónde hay una panadería, un banco, un cine y una lavandería. Con todos estos lugares no nos unen ni recuerdos comunes ni experiencias compartidas. El filósofo francés Marc Augé concluye de esto que se produce una transformación incesante de los lugares en no-lugares: los primeros se caracterizan a través de los recuerdos compartidos y las relaciones llenas de vida y, por lo tanto, porque son parte de nuestra identidad, y los segundos sólo tienen un significado instrumental para nosotros: son intercambiables, son lugares de paso. Y es justamente este mismo proceso el que ahora afecta hasta a los muebles de nuestros apartamentos, el coche, la ropa: como los ciclos de cambio son cada vez más cortos y las reparaciones salen cada vez menos a cuenta, ya no les *ponemos trabajo* a las cosas, de tal manera que mediante nuestra dedicación las podamos hacer nuestras y las volvamos inconfundibles, precisamente, por sus pequeñas imperfecciones y singularidades. Las echamos a la basura antes de que puedan tener un lugar en nuestros corazones.

¿Y las personas? Es evidente que entramos en contacto con muchas, muchísimas más personas que nuestros antepasados... y también perdemos el contacto con ellas. Pero no sólo se ha acrecentado dramáticamente (para la mayoría de nosotros) el *número* de contactos, también ha cambiado el *tipo* de interacción. Efectivamente, las estructuras relacionales de las clases medias y altas de los países industriales se parecen cada vez más a las estructuras en red de internet: uno se encuentra con otras personas, va con ellas a beber una copa, hace alguna actividad con ellas, se siente algunos días, semanas, meses (como sea que se presenten las contingencias y el desarrollo de la vida de cada uno) muy próximo a ellas... y de nuevo las pierde de vista sin ni siquiera despedirse. Como nudos de esta red de relaciones entre personas, permanecemos fundamentalmente como desconocidos: no nos empapamos de nuestra identidad, no compartimos ninguna trayectoria vital. No hay nada más enervante que el colega que cree que debe contarnos la historia de su vida.

La gran movilidad de la vida social de la modernidad tardía tiende a conducirnos hacia la alienación, a la extranjerización de las cosas y los lugares, de las personas y los comportamientos. Sin embargo, estos procesos esconden el peligro de que el mundo se transforme en una superficie fría, rígida, indiferente, que devenga para siempre en «miles de desiertos, mudos y fríos» (Nietzsche) porque ya nada funciona como patria, en ese sentido, que alcance a otorgar sentido a nuestra identidad. La *indiferencia* es el gran problema de esta manera de *estar en el mundo*: el mundo ofrece miles de posibilidades, pero ninguna de ellas tiene ya ninguna importancia para nosotros. Esto podría llevarnos a una «inmovilización interior», a una «inmovilización frenética» en forma de un *burnout*, que no sólo se daría a pesar de una gran tasa de movilidad psíquica, social y mediática, sino precisamente también por ella. Me parece que este «entumecimiento interior», frente al agotamiento del sistema energético basado en las fuentes de combustible fósiles, es el final más probable de nuestra espiral de movilización: los combustibles fósiles se pueden sustituir, los psíquicos no.